CB006517

TODO AMOR É FODA

WILLIAM KOKUBUN

1ª Edição
Fortaleza, 2019

CeNE EDITORA

Texto: William Kokubun

Edição
Edmilson Alves Júnior
Igor Alves
Irenice Martins

Preparação de Originais e Coordenação Geral
Jordana Carneiro

Revisão
Cidia Menezes
Kamile Girão

Capa
Diego Barros

Ilustrações internas
Daniel Neves
Diego Barros

Projeto Gráfico e Diagramação
Diego Barros

Edição Conforme o Novo Acordo Ortográfico da Língua Portuguesa
Dados Internacionais de Catalogação na Publicação (CIP)

Kokubun, William.
Todo amor é foda / William Kokubun - Fortaleza: CeNE, 2019
208p.; P&B. 15x22cm.
ISBN: 978-85-68941-19-5
1. Poema. 2. Crônica. 3. Literatura Brasileira.
I. Título.

CDD 869.1

Ficha catalográfica elaborada pela Bibliotecária Gilcimara Lopes Nobre
CRB3 - 1485

Av. Santos Dumont, 1343 - Loja 4 - Centro
Fortaleza - CE - CEP 60.150.161
www.editoracene.com.br / (85) 2181.6610

Para os meus pais, Clarice e Rikio,

por estarem sempre ao meu lado.

Amo vocês.

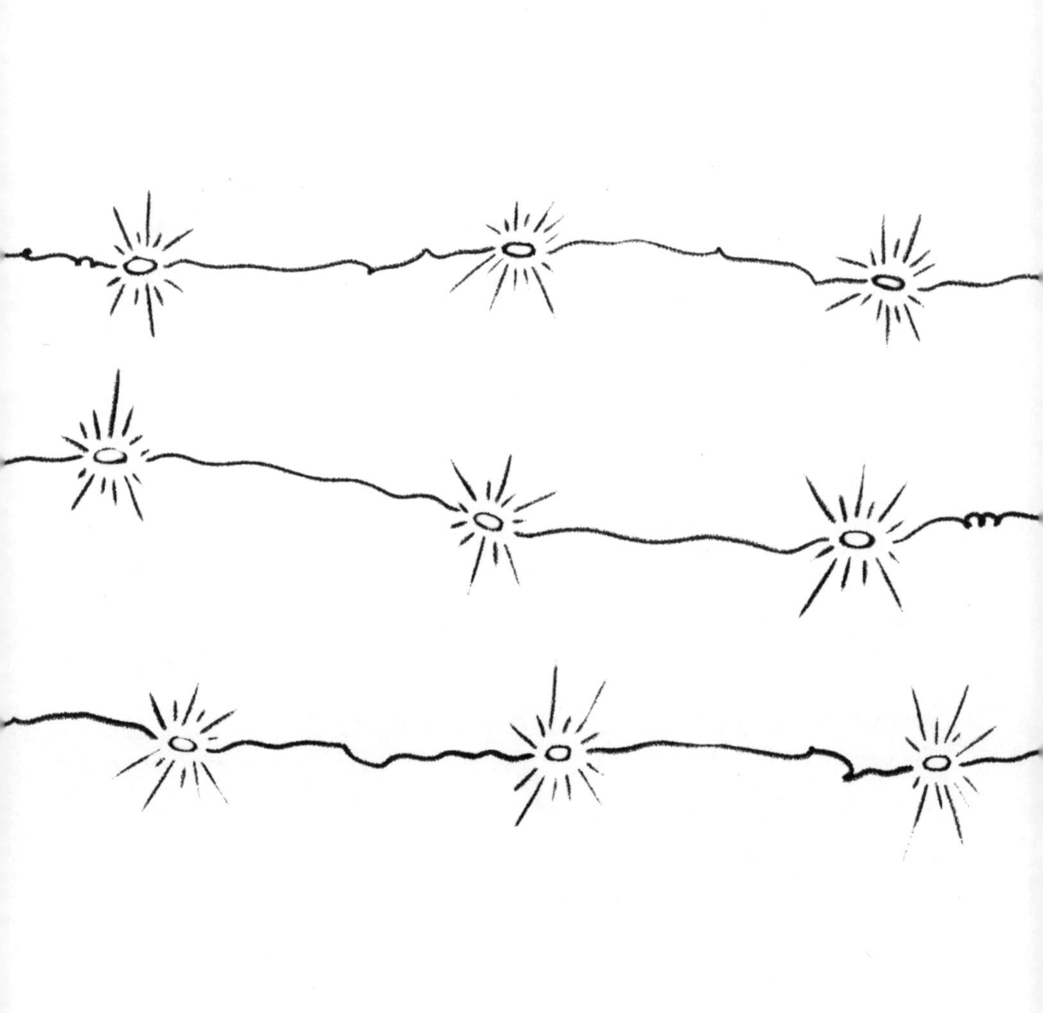

Apresentação

Eu sou um apaixonado por leitura, uma paixão que surgiu em minha adolescência. Sempre gostei de ler livros de romance, poesias, contos, psicologia, teatro, entre outros. Sou da época em que a leitura era feita apenas através dos livros, ainda não existia internet. Confesso que tínhamos um acesso bem menor a novos talentos, a internet chegou como uma ferramenta maravilhosa para esses profissionais conseguirem divulgar o próprio trabalho. Hoje em dia, escritores e outros, conseguem divulgação de forma independente. Isso é maravilhoso!

Quando descobri as maravilhas que a internet tinha a oferecer, eu passei a acompanhar novos escritores através de blogs, depois sites e atualmente acompanho, principalmente, pelo Instagram. Certo dia, eu estava navegando pela internet e apareceu uma postagem no "explore", do meu Instagram, era uma poesia linda, sensível e profundamente tocante. Realmente era uma poesia que se destacava entre o mais do mesmo que encontramos por aí. Foi assim que conheci o trabalho de William Kokubun, um verdadeiro poeta, que com poucas palavras consegue provocar grandes reflexões. Com o passar do tempo, começamos a nos comunicar e hoje somos amigos pessoais. Sou grato à internet por ter conhecido algumas pessoas brilhantes, e uma delas é William.

Quando soube que em 2018 eu ficaria em cartaz em São Paulo, fiz questão de convidá-lo para me assistir e fiquei muito feliz com a sua presença. Após o espetáculo, conversamos, trocamos experiências sobre nosso trabalho, falamos do espetáculo e falamos dos nossos objetivos como artistas. Foi identificação imediata. Fico muito feliz em ver, dia a dia, o sucesso crescente desse meu amigo sensível e talentoso.

Quando William me convidou para escrever este prefácio, eu fiquei extremamente feliz e honrado. Confesso que me deu um certo frio na barriga. Afinal, é uma responsabilidade muito grande falar sobre um grande artista. Mas também é muito simples, basta escrever com a verdade e com a emoção que sentimos ao ler os seus textos.

Desejo uma linda leitura. Que as palavras do William toquem vocês através da sensibilidade das suas poesias. Que suas poesias possam trazer luz, paz e reflexões a cada um de vocês. E que a arte desse meu amigo traga aconchego ao coração de todos, assim como trouxe para o meu.

Mauricio Silveira (ator, escritor e diretor)

instagram.com/mauriciosilveiraoficial

Quando seu jardim
estiver na escuridão,
plante estrelas.

Eu vivo amando, em nome do amor

Eu amo. Apesar de tudo, eu amo. Apesar de um mundo em que se parece mais fácil odiar as pessoas, sem motivo algum, eu amo. Amar não é difícil. Tem uma receita bem legal para isso, anota aí:

Pegue uma pitada de bom humor, ele é fundamental. Ao acordar, ligue sua tevê, ou computador, e assista algo bem engraçado. Bem, não ser nem tão engraçado, pode ser no mínimo besta. Algo que te faça rir.

Dê bom dia. Saia falando bom dia para todo mundo, até aos que você não conhece. Você já deu um bom dia para um motorista de ônibus e viu sua reação? Ele nunca espera isso de alguém. Ele sorri. As pessoas se acostumaram a correr tanto, que nem se lembram de sorrir uns para os outros.

Evite brigas e dê abraços. Quando começarem a bater boca com você, sorria. Seja ao vivo, seja nas redes sociais. No trânsito, nem se fale. Quando te xingarem, mande um beijo. Às vezes, a pessoa no volante está vivendo um dia difícil, nunca sabemos.

Beije. Beije muito. Abrace. Abrace muito. Contato físico pode ser rejuvenescedor. Até as pessoas que dizem não gostar, adoram. Elas só se fazem de duronas. Acham que não vão se magoar. Mal sabem elas que já estão se magoando.

Sente-se. Bata um papo com quem estiver perto de você. Vá a um parque. Sabe a quantidade de velhinhos que anda por lá? Loucos para bater um papo? Pessoas que há tempos não recebem um carinho. E essa é uma parte importante e mágica dessa receita: O amor que você recebe de volta! A energia linda que toca sua pele e entra pelo seu coração. Alguns dirão que você estará apenas perdendo tempo, mas na verdade, estará ganhando. Ganhando amor.

Converse com seus pais. Mesmo que às vezes eles estejam carrancudos, bata um papo. Almoce ou jante com eles, fale sobre suas conquistas, encha-os de orgulho. Se não tiver nenhuma conquista no momento para falar - que não é demérito algum, por sinal -, converse sobre assuntos que eles gostam de falar, mesmo que você já tenha ouvido a mesma história cem vezes, não tem problema. Diga que os ama.

Antes de dormir, leia um livro, assista a um filme, abraçado de quem você ama, pode ser seu amor, pode ser seu bichinho, pode ser você mesma. O importante é entender que, se você seguir direitinho essa receita que te passei, terá preenchido seu coração de uma tal maneira que, de maneira alguma, ele deixará de amar.

Alívio

Chora
chora e nunca se esqueça
de tudo que passou
chora

Chora
e no raiar da aurora
comemora

Pois o que ficou
para fora
é o que te faz
sorrir agora.

Cena de uma tarde de encontro

Quando a vi do outro lado da rua, me perguntei se o mundo estava finalmente acabando e os anjos desciam à terra para buscar apenas as pessoas boas – provavelmente eu não estaria nessa seleta lista!

Poderia ser também uma daquelas heroínas de traços perfeitos vindos de jogos de Playstation 4, que ganhara vida para nos salvar de um ataque alienígena.

Ou porventura a filha de um poderoso deus grego, que tivesse se enfiado entre os humanos apenas para nos lembrar que somos meros mortais.

Foi então que eu percebi, ao passar dos carros, naquela cena cinematográfica em câmera lenta, que era apenas você, meu amor, chegando com os braços abertos e com o sorriso mais belo do universo, em minha direção.

Desejo

Será que você ainda me deseja
mesmo depois de tanto tempo
mesmo depois de envelhecermos
e não sairmos de dentro desse lugar?

Será que você ainda me deseja
mesmo depois das noites em claro
mesmo depois do trabalho
e das contas para pagar?

Será que você ainda me deseja
mesmo depois das brigas
mesmo depois de nossas famílias
e do pó impregnado na mesa de jantar?

Será que você ainda me deseja
mesmo depois de sentarmos entediados
mesmo depois de abraçarmos a rotina
e do controle remoto nos guiar?

Será que eu ainda te desejo
mesmo depois do descaso
mesmo depois de não me olhar
e não mais me tratar como você
costumava tratar?

Segredo

Tenho um segredo
para lhe contar

Quando te olho
discretamente
sem você perceber

Estou dizendo
silenciosamente:
Eu te amo.

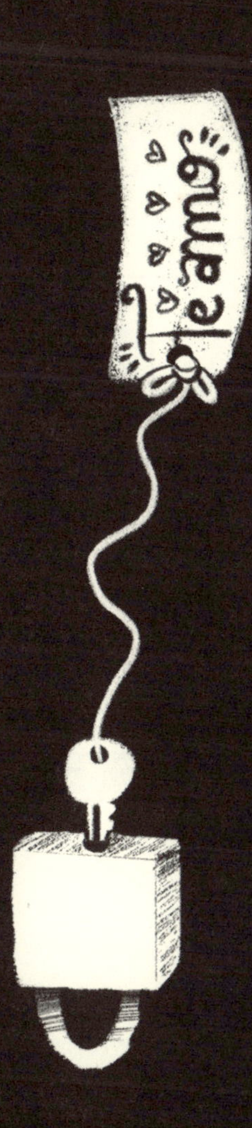

Tralha

Guarda no
fundo da gaveta
todas suas dores
desamores

Deixa lá

Com o tempo
você nem vai mais lembrar
aonde tudo isso
foi parar.

Charada

Sabe qual é a melhor coisa
sobre nós dois?

O cobertor.

Fica pra próxima

Quando o amor
bateu à porta
não abriu

Achou que era mais um
daqueles vendedores
de promessas falsas.

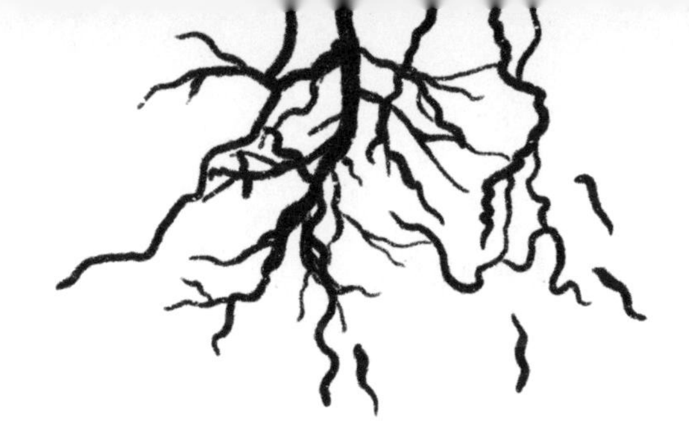

Amor raiz

Queria te dar as flores mais belas do jardim
Mas você, com dó das coitadinhas
Me pediu para que não as arrancasse do chão

E o amor se enraizou em mim.

Lenços

Não chore, amor
por favor, não chore
nós ainda podemos ser felizes

Há uma saída
através dessa porta
mas ninguém se importa

Há uma saída
através da janela
mas eu me importo

Por favor
não diga adeus

E eu prometo que
perguntarei ao porteiro
mais uma vez

Se ele encontrou nossas
esperanças jogadas em
algum lugar do corredor.

Portaria

Subi no terraço para te ver chegando
dava para te ver de longe

Suas pegadas ficavam para trás
e brilhavam como aquelas canetas marca-texto
que comprávamos para desenhar
os raios saindo das mãos de nossos heróis

Dava para te sentir chegando

E o brilho que saía de seu corpo
cegou o porteiro que jogava palavras cruzadas
em frente à televisão fora do ar.

ESSA NOITE E

VISTO DE AM

POR FAVOR

CHEGA LOGO

A campainha

Essa noite, eu me visto de amor e espero você chegar. Abaixo as luzes, arrumo a sala e deixo tudo pronto para te fazer confortável, para se sentir amável. Fiz a sua comida preferida, preparei a sua bebida favorita e o disco já está na vitrola, aguardando o beijo da agulha para dançar.

Essa noite, eu me visto de amor e me visto bem. Estou estonteante, hipnotizante, do jeito que você não vai conseguir se controlar, e quando eu abrir a porta, vai gaguejar, os seus olhos vão brilhar e as flores nas suas mãos estarão perfumadas e trêmulas, assim como o meu coração.

Essa noite, eu me visto de amor. Por favor, chega logo. A campainha está louca para tocar.

Me ensina

Me ensina, amor

Me ensina tudo que
ainda não aprendi
me ensina a ser feliz
mesmo se for por um triz
me ensina

Mesmo se corrermos o risco
de não conseguirmos mais
viver um sem o outro
me ensina

Mesmo que falem
que tudo está errado
deixem falar
deixe para lá
me ensina

Mesmo se formos aprisionados
em nossos próprios corações
sentenciados como ladrões
da arte proibida que é amar
me ensina.

Molduras

Tirei nossas fotos da parede. Engraçado como as imagens se vão, mas as marcas ficam. É assim na pele também. Os beijos secam como folhas de outono. As palavras voam pelo vento para outros lugares, outros ouvidos. Os sorrisos partem para outros olhares. Novos brilhos nas retinas de um novo amor. Novos toques de mãos. Novos abraços que um dia foram meus, foram seus, foram nossos...

Onde estávamos quando paramos de fazer cócegas em guerrinhas cheias de risos e pedidos de clemência pelas nossas vidas? Onde estávamos quando paramos de assistir a filmes, abraçadinhos embaixo do cobertor, acompanhados de pipoca e guaraná? Onde estávamos quando deitávamos para dormir e paramos de nos beijar, sem trocar mais "eu te amo" e virávamos um para cada lado, esperando logo apagar? Onde estávamos? Onde? Bem, talvez estávamos na parede, vestindo belas molduras, que nunca deviam amarelar...

O ruído

Quando ouço
aquela música
lembro de você

Quando vejo
aquele filme
lembro de você

Quando fico
no silêncio
lembro de você

Quando faço
barulho
choro por você.

GRUDE

Eu não sou grude
Eu sou amor

Eu não sou chiclete
Eu sou sabor

Não me leve a mal
Me leve pra
Sua casa

Às vezes enjoa
Mas eu sei que passa.

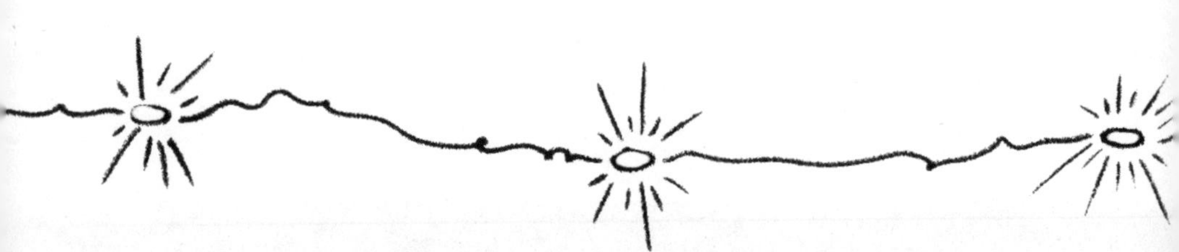

ASSIM SEJA

Que
toda
vida
seja
um
leve
love

A definição do amor

Deitamos na cama. Você primeiro. Você pegou o seu livro e encostou a cabeça no travesseiro. Eu mexia no celular e, distraído, apaguei a luz. Você riu. Levantei e fui ao interruptor. Deitei de novo. Nossa cama é apertada. Por cisma minha, ou minhas loucuras, transformei a cama de casal em uma cama de solteiro. Doei a outra metade. A falta de espaço no meu pequeno quarto me deixava agoniado, não conseguia respirar, e você me entendeu. Você sempre me entende. Eu não entendo o porquê. Para podermos dormir, afastamos um pouco a cama da parede, assim temos uma sobra da falta de espaço, e podemos ter pernas ou braços jogados no ar. Que escolha a minha... logo chegando o verão, te fazer dormir comigo em uma cama minúscula. Por sorte, temos um ventilador, mas é apenas um pingo d'água no deserto. Eu realmente não entendo. Pode haver um amor assim, que resista a tantas loucuras da pessoa que é a sua parceira? Você não reclama nada, muito pelo contrário, ri, me abraça, diz que assim ficamos mais juntinhos, mesmo num calor dos infernos. Então, eu paro para pensar, e talvez seja essa a melhor definição do amor: O amor não é aquele que te leva ao Céu, mas sim, aquele que fica com você, ao seu lado sempre, mesmo se você estiver queimando no Inferno.

Até breve

No beijo do adeus
eu só peço a deus
que a saudade
seja breve.

Insaciável

Insaciável é essa minha
vontade de te amar

É querer beijar sem parar
é querer ser a pessoa
na qual você irá confiar

É poder ter você ao meu lado
em todos os momentos
ter-me em seus pensamentos

Insaciável é essa minha
vontade de te amar

É ser quem vai ouvir
o seu primeiro bom dia
e dividirá toda essa alegria

É dar o amor mais profundo
e te acompanhar
até o fim do mundo

Insaciável é essa minha
vontade de te amar

Insaciável até
todo o amor transbordar.

Jardim

Na primeira vez
que te elogiei
suas bochechas
ficaram rosas
e o meu coração
virou jardim.

O amor não foi feito pra mim

Às vezes, eu acho que o amor não foi feito pra mim. Deve ter sido pra você, mas não pra mim. As pessoas dizem que amar é complicado, que pode dar errado, mas que não se deve desistir, porque ele chega e, uma hora ou outra, bate à sua porta. A minha, eu já até deixei destrancada, pendurei um aviso na maçaneta que estava escrito: "Sim, perturbe!" e nada... Como pode ser o amor, algo tão difícil de se conquistar, de se ter, de alcançar? Será que sou assim, tão impossível de se amar? Me considero uma pessoa boa, honesta, divertida... sei até contar piadas. Você conhece aquela do passarinho que, de tanto rir, caiu e cascou o bico? Ou era o contrário? Deixa pra lá. Fico horas esperando o amor aparecer, de repente, do nada, dizendo que finalmente havia me encontrado, como nos romances mais açucarados. Meu amor deve ser diabético. Fico horas esperando uma carta. Meu amor deve ser disléxico. Deito na cama, me espalho, chacoalho e dá vontade de mandar tudo pra casa do ca... opa, desculpa. Deve ser por isso que o amor não foi feito pra mim, eu me destempero, mas nunca exagero no sal da minha comida. Porém, se alguém viesse jantar aqui, até erraria de propósito, pois se a pessoa comesse, mesmo o prato estando ruim, e falasse que estava uma delícia, com certeza seria o amor da minha vida.

Os opostos se atraem

Você é tudo
que eu nunca quis
e é por isso que
eu te quero tanto.

Ligação

Oi, estou aqui. Não, não precisa vir
não quero que me veja chorando
já é desconfortável demais
o espelho me pedindo pra parar

Sim, eu sei, uma hora vai melhorar
cicatrizes fecham com o tempo
mas anda tudo tão corrido
e se o relógio se esquecer de mim?

É, eu tento, mas é demais
quem não espera que o amor de nossas vidas
seja eterno?
quem espera que um dia apenas
nos restem as lembranças
de sorrisos e beijos distantes?

Sim, eu estou na cama
e ainda tem o cheiro do perfume
que eu dei naquele dia em que fomos
tomar sorvete em frente ao parque
e eu devia ter percebido que havia
algo errado com aqueles dedos
dançando desritmados em suas pernas aflitas

Sim, eu sei que ainda há vida para se viver
mas quero ficar aqui um pouco
abraçando a solidão e o travesseiro
e tentando entender que
mesmo não sendo convidada, mesmo insuportável
a dor é algo que precisa ser provada.

MESMO
NÃO SENDO
CONVIDADA,
MESMO SENDO
INSUPORTÁVEL A
DOR É ALGO QUE
PRECISA SER
PROVADA.

AMORES CELULARES

Nossos telefones
ouviram tanto nossas
juras de amor

Que se encantaram
e se amaram

Até suas baterias
acabarem.

VOCÊ CONTRA O MUNDO

Seja feliz
mesmo que o mundo
esteja contra você
seja feliz.

Ondas

Moça dos olhos marejados
dos amores afogados

Saiba que quando você
sair desse mar

Você encontrará alguém
que mereça te amar.

Pontos

Sim, eu sei que você
já sofreu demais com o amor

Mas são suas cicatrizes
que te deixam mais bela.

Eu sou todo ouvidos

Senta aqui ao lado meu
me conta teus problemas

Eu posso te abraçar
eu posso te beijar
eu posso te ouvir
e enxugar tuas lágrimas

Eu posso te fazer
voltar a sorrir.

Renascimento parte II

Depois de tanto navegar
entre as lágrimas
ela ancorou em um novo mundo
e não teve mais medo de se afogar.

FORTALEZA

Você é tão forte:
enquanto o mundo
te tira tudo
você dá amor.

PORQUE TEMOS QUE PARTIR, SE JÁ PARTIRAM COM OS NOSSOS CORAÇÕES?

Cacos

Lá se vão os desamores, correndo para fora das casas quebradas, com lágrimas manchando seus rostos. Eles cruzam ruas que nunca mais atravessarão, já que as flechas não sangram mais em seus peitos, e quase cambaleando, desorientados, atropelados, se perdem em pensamentos que, por alguns momentos, só enxergam aquela velha senhora de capa que nos visita apenas uma vez na vida para tomar um chá, comer uns biscoitos e dizer que é hora de ir, mas então, todos a perguntam: "- Por que temos que partir, se já partiram com os nossos corações?"

A torta de maçã

Tem uma torta ali em cima da mesa da cozinha. Apenas uma torta. Uma torta de maçã. Daquelas bem suculentas. Tem uma torta ali e mais nada. Os copos estão sujos, porém vazios. Eu até havia me esquecido da torta... fiz pra você. Dei todo o meu carinho pra essa torta. Fiz com o maior cuidado. Peguei aquela receita na internet, aquela que você me encheu tanto o saco pra fazer. Foi difícil achar, mas achei. Essas tortas, tipo americanas, igual àquela que a gente comeu naquele dia na hamburgueria, não são fáceis de fazer. Ela tem aquele monte de xadrez em cima, não sei como dizer. A torta está realmente bonita, apesar de fria. A torta que fiz pra você. Achava que nunca ia conseguir, porque não sou lá aquele primor na cozinha, mas era pedido seu, então dei o meu melhor. Dei o meu melhor pra essa torta. A torta que fiz pra você. As cadeiras continuam afastadas, como deixamos da última vez. A janela está aberta, mas não tem vento algum passando por ela. Não tem nada. Apenas a torta. A torta que fiz pra você. A torta que eu vou ter que comer inteira. Pego uma colher na gaveta, agarro a torta e me sento no chão. As cadeiras ficam lá, do mesmo jeito, porque elas se tornaram uma lembrança boa de nossas vidas. Você sabe, sabe que você sempre foi o amor da minha vida e sempre será. E essa torta que eu fiz pra você, eu vou comer. E eu sei que você está ao meu lado, me olhando, pegando na minha mão e sabe do amor que eu coloquei nessa torta. A torta que eu fiz pra você.

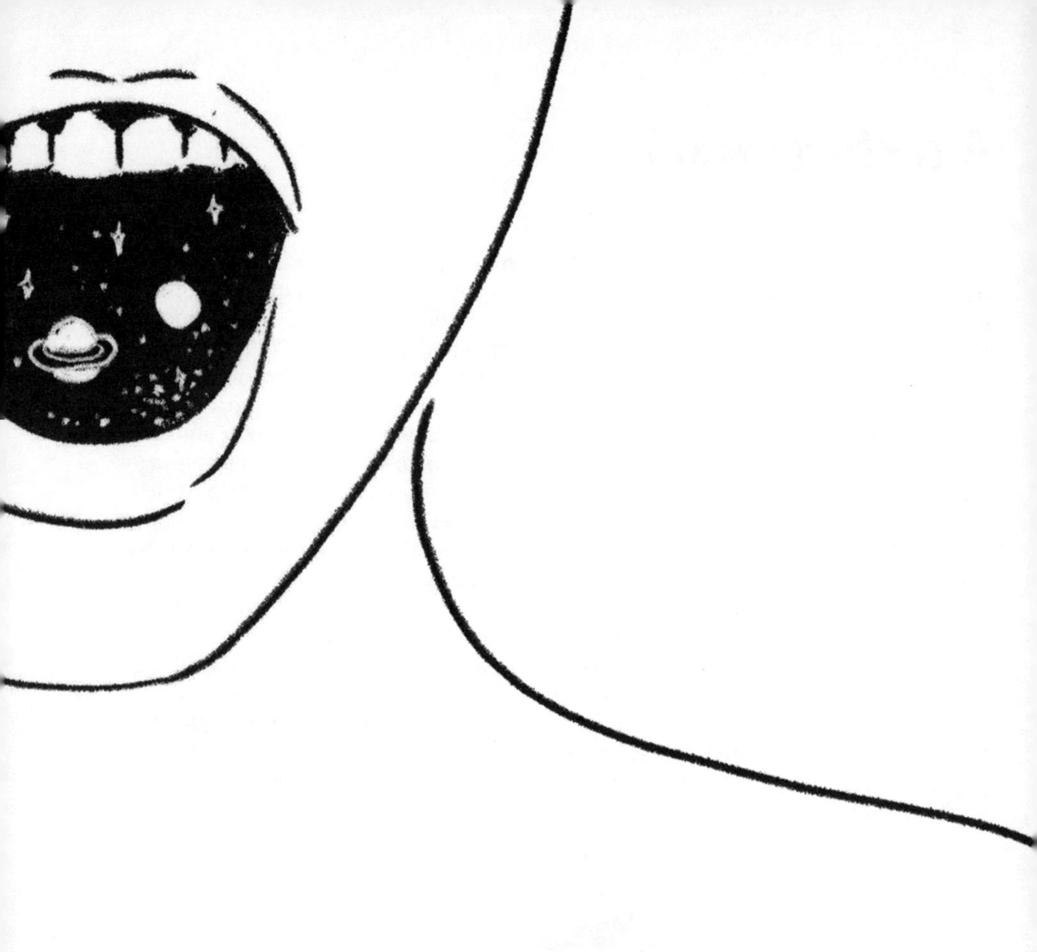

A dança da liberdade

Saia, moça
beije as estrelas
dance na lua

Deixe que
o universo inteiro inveje
essa liberdade tua.

Sorria, menina

Pois o amor
te guarda
apesar dos dias ruins.

Você não está só.

Não desista

Quando parecer
que o mundo
te abandonou

Quando parecer
que a vida acabou

Não desista
insistax

Lembre-se
das pessoas que
te amam

Você não está só.

HEROÍSMO

Quando você sorri para alguém
que precisa sorrir

Quando você ouve alguém
que precisa ser ouvido

Quando você abraça alguém
que precisa ser abraçado

Você está salvando o mundo.

Você me tira o sono

Quente. Está muito quente. Esta noite tenho a certeza que não conseguirei dormir. Pode apostar! Derreterei no lençol como um sorvete que lambuza lábios calientes. Sem chance, navegarei em sonhos esta noite! Ficarei inquieto, virando para lá e para cá, como um barco perdido no mar revolto.

Os olhos estalados contarão os minutos daquele alarme digital que ninguém mais tem, mas sempre aparece nos filmes de terror. O cobertor estará cobrindo apenas uma pequena parte de meu corpo, porque eu possuo essa estranha necessidade de sentir um leve peso sobre mim. Nem aqueles vídeos de som de chuva - com trovões e tudo mais! - despertarão meu sono. Muito menos a leitura dos poemas fantásticos de Drummond. Aliás, aí que não durmo mesmo. Ele me faz sonhar acordado... Enfim, não dormirei.

A janela irá clarear aos poucos e passarinhos começarão a cantar. Acabarei esticado e ensopado no colchã... hey... espera aí! Você está achando que está quente aqui? Não está. Nem um pouco. O calor que sinto é porque não consigo parar de pensar em você.

Chinelos

Quando Mariana acordou nesta segunda-feira e olhou pela janela de seu apartamento, finalmente entendeu: O que ela passou, tinha que passar. Serviu de aprendizado. Nada na vida é por acaso, e até os momentos de dificuldade, embora não pareçam nada justos, são estágios nos quais nos tornamos fortes. Viver é como um videogame, onde as fases vão ficando cada vez mais difíceis para finalmente conseguir sua recompensa. Mariana adora videogame. Ela entendeu a analogia.

Ao sentar na cama, olhou para seus chinelos no chão, com desenhos do Mickey e sorriu. Pensou: "O Mickey não me abandona, isso é amor!" Vestiu seu fiel companheiro e foi tomar café. No caminho, encontrou seus dois gatinhos, se abaixou e acariciou o mais rebelde, enquanto o amoroso se enrolava nas suas pernas. Eles se completam. Mariana queria um amor assim também, que fosse seu complemento. Alguém que se encaixasse perfeitamente nesse quebra-cabeças que é a vida.

Enquanto segurava a xícara de café de forma acolhedora e soprava para deixá-lo em uma temperatura apropriada, ela se lembrou de tudo de errado que passara nesses anos, do quanto havia se dedicado e da falta do amor recíproco. Mas isso já era passado, ela não queria mais pensar nisso. Hoje, Mariana tem novos amigos, novos interesses, novos rumos. Olhou novamente para a janela: "Que dia lindo, e olha que é uma segunda!", pensou. Sim, Mariana, o dia está bonito, mas é a forma que você encara a vida hoje que o tornou sublime.

Entenda

Tudo bem dar errado
acontece
a vida é assim

O problema é
guardar no coração
apenas o que foi ruim.

Gravidade

Ela é tão
pés no chão

Mas às vezes
seu coração flutua.

Para contar

Hey, menina, eu sei
que o amor às vezes
machuca e te faz chorar

Hey, menina, eu sei
que às vezes é mais fácil
não se arriscar

Hey, menina, eu sei
eu sei
eu sei

Mas, menina, eu sei também
que vale a pena tentar
sei também que todos
devemos amar

Mesmo que às vezes doa
mesmo que não se perdoa

É parte da vida
ter uma linda história para contar.

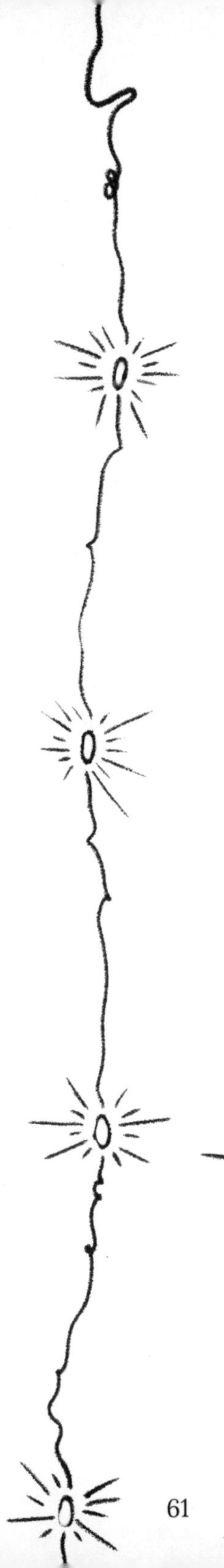

O que o dinheiro não compra

Mara adorava tudo o que tinha. Adorava se vangloriar pelos seus bens, seu carro, suas roupas, suas joias e como as pessoas tinham inveja da mulher fantástica que era. Adorava se sentir em cima do pedestal que ela mesma criou. Ouvir como sua vida era bem-sucedida era uma obrigação para quem a visitava, só faltava o PowerPoint e *slides* na parede de sua casa. Eram horas de discurso, praticamente uma palestra. Fazer os outros se sentirem menos que ela era outra de suas diversões favoritas. Mara adorava falar mal de todos, ao mesmo tempo que se vangloriava pelas "ajudas" que dava às pessoas. Ajuda essa que nunca era de graça, pelo contrário, saía muito cara. Pobres inocentes que acreditavam em sua falácia. Eram apenas ferramentas de sua fonte de lucro. Fã de novelinhas dos anos 80, acreditava piamente que havia uma gigantesca conspiração para lhe derrubar, que todos queriam o seu lugar, suas glórias, o seu status, como se fosse a pessoa mais importante desse planeta. Achava que todos tinham que se curvar diante de sua presença, que tinham que adorá-la, como fingia adorar as santas empoeiradas em seus móveis brilhantes. Ela se sentia poderosa, o centro das atenções. Mas na hora de dormir, mesmo com alguém ao seu lado, se virava e sabia que estava sozinha em suas paredes riscadas de hipocrisia, porque amor não se compra com dinheiro, muito menos em doze vezes no cartão. Amor não tem preço e o que não tem preço, Mara não conseguia ostentar.

O grande insulto

Hoje bati de frente
com o mundo

Porque decidi
ser feliz

E acho um
grande insulto

Não viver por um triz.

Taquicardia

Uma noite dessas
meu coração fez
uma corda de lençóis
desceu pela janela
bem silenciosamente
e correu sorrindo
ao encontro do seu
para baterem juntos
pois não aguentavam
mais a taquicardia.

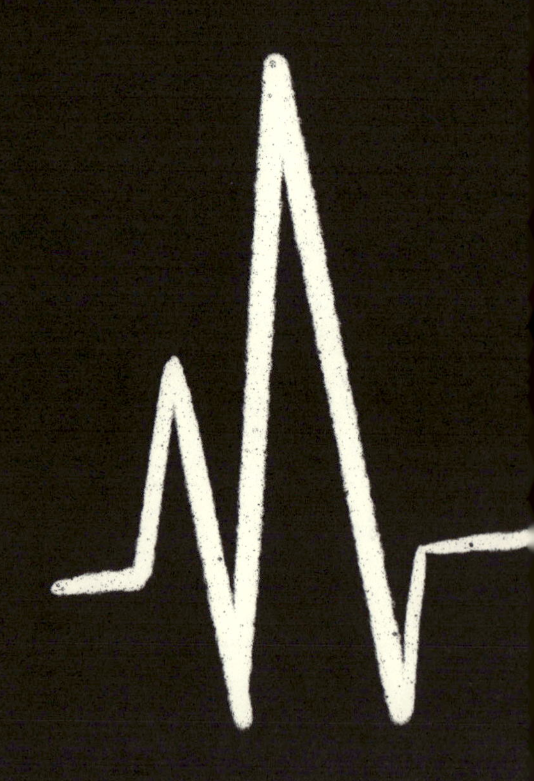

Cardiograma

Posso até bater
na sua porta
mas por favor
não me faça
apanhar no coração.

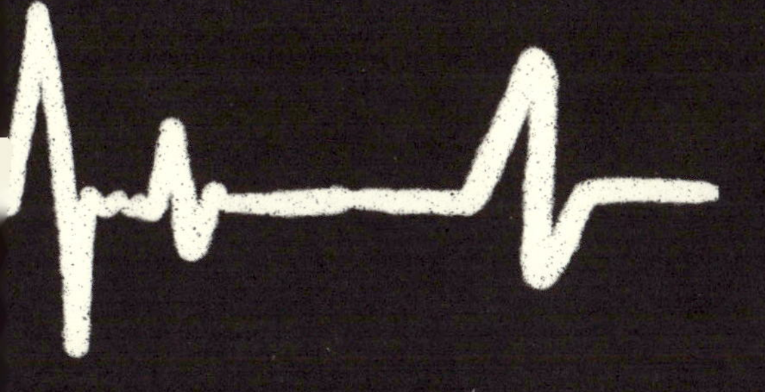

QUEM PREC
SE LEMBRA
DE ALGO QU
NUNCA SE E

Quero me perder em sua boca

Não tenho a mínima intenção de voltar. Quero o beijo eterno. Quero entender que a vida tem, sim, um motivo para ser admirada, contemplada. Quero ver esse sorriso em todas as manhãs, pelo resto de nossas vidas. Sorriso de menina, encanto de mulher.

Enquanto vivo neste universo, minha inspiração é a sua respiração. A sua existência é o motivo da minha insistência com o viver.

Quero esse abraço apertado de quem ama como nunca amou igual nessa vida e em nenhuma outra qualquer.

Não quero mais saudade, estou farto dela. Saudade apenas serve para se lembrar de seu amor, mas eu não preciso disso.

Quem precisa se lembrar de algo que nunca se esquece?

IGUAIS

Quando lutamos juntos
não há homem
não há mulher

Quando lutamos juntos
somos iguais
somos uma força
uma força carregada de amor

E quando temos amor
e enfrentamos as diferenças
ninguém consegue nos parar.

MEDO

Você tem medo de mim
medo de me amar
medo de me querer
todos os dias ao seu lado

Você tem medo de mim
medo de me beijar
medo de querer
para todo o sempre
meus lábios tocar

Você tem medo de mim
medo de ser feliz
medo de sonhar
e nunca mais acordar.

Helena

Helena
quando chegou ao Céu
deu aquele sorriso

O mesmo sorriso
que dava para nós
quando se sentava para
tomar o café da manhã
e fazer suas brincadeiras

Os anjos estavam ansiosos pela sua chegada.

Clarice

Clarice é clara
como a luz que vem do céu
e atravessa as nuvens
tocando suavemente
o algodão de Deus

Clarice é protetora
como soldados de um rei
que dão suas vidas
para salvar o castelo
daqueles que o querem derrubar

Clarice é força
e mesmo que alguém
contra, torça
não enfraquece e
não se deixa derrotar

Clarice é mãe
e envolve seus filhos
nos braços, que se
agigantam e espalham
no espaço, o poder de amar.

A promessa

Amor
estou aqui
não vou mais partir

Guarda para mim
um assento no sofá
e tudo mais que há
entre a varanda
e nosso quarto
pois estou farto
de ver você de longe
acenar e chorar

Amor
estou aqui
e não vou mais partir
para longe de ti.

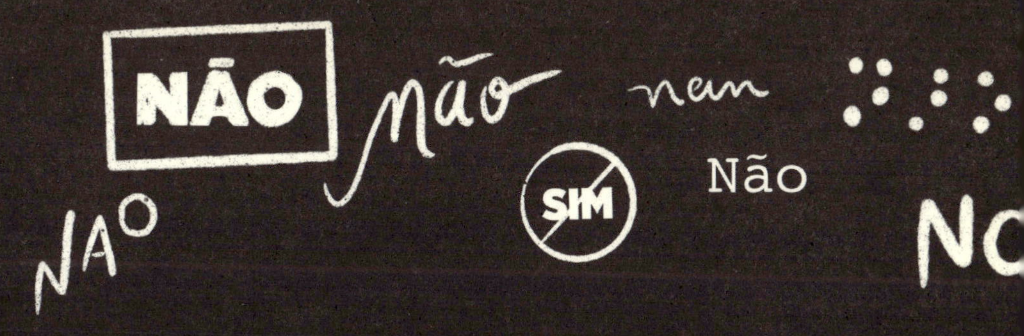

Não mude

Não mude por mim

Mesmo quando
às vezes estou a fim
não mude por mim

Mesmo se me sentir
no fim
não mude
não mude por mim

Pense que não vale a pena
que a alma não é pequena
e não mude por mim
mesmo que você esteja a fim
não mude
não mude por mim

Mesmo se te sentir assim
querendo ser alguém
que não se vê
não mude
não mude por mim

Não mude como se muda de roupa
como se planta uma muda
não fique muda
não mude
não mude por mim

Porque, se mudar
iremos nos calar.

Amor à distância

Hoje sonhei
com você, menina

E você dançava
e sorria
mas estava distante
não chegava perto
muito menos me ouvia
mas você sorria

E isso já era
o bastante para mim.

Touch

Quando você me toca
minha pele se desintegra
viaja pelo ar pelo oceano
pelas estrelas do universo

Quando você me toca
não sei bem onde estou
não sei o que dizer
o que pensar o que olhar
não se nem quem eu sou

Quando você me toca
não entendo o medo da vida
da morte
da falta de sorte

Quando você me toca
me toca
me toca
me toca
me toca?

LONG TIME NO SEA

É A SAUDADE DE VER O MAR.

Navegar é preciso

O meu barco
é de papel
ele molha em
tom pastel

E já navegou
dores profundas
do oceano até o céu.

A carta

Esta noite te escrevi uma carta
falei sobre os nossos papos furados
nossas piadas nada engraçadas
as idas aos parques no meio da tarde
e seus dias ensolarados e floridos

Esta noite te escrevi uma carta
falei sobre aquela chuva que tomamos
e não nos importamos pois estava quente
estávamos suados e nossos beijos
ficariam de qualquer maneira, molhados

Esta noite te escrevi uma carta
falei sobre nossos jantares elaborados
com luzes de velas e mesas enfeitadas
falei sobre aquele arroz queimado
e o chique se tornar um prato requentado

Esta noite te escrevi uma carta
falei de todas as vezes que dormimos abraçados
dos olhares trocados e cabelos acariciados
de um descobrindo o outro na madrugada
e de acordarmos sempre dando risada

Esta noite te escrevi uma carta
te pedindo perdão pelas nossas brigas
pelo tempo que desperdiçamos e
que poderíamos ter aproveitado melhor

ao invés de sermos duros um com o outro

Esta noite te escrevi uma carta
dizendo que estava com muitas saudades
que nunca tinha tido uma vida tão feliz
com alguém e que todos os dias que estive
ao seu lado, você me fez ser uma pessoa melhor

Esta noite te escrevi uma carta
e te escrevi porque se você não tivesse
cruzado aquela rua no momento errado
e encontrado aquele carro desgovernado
eu estaria falando tudo isso para você

Esta noite te escrevi uma carta
e nessa carta eu queria te falar
todos os "eu te amo" que deixei de falar
por orgulho, por medo, porque eu achei
que estava tudo em meu controle
e que no outro dia você iria voltar.

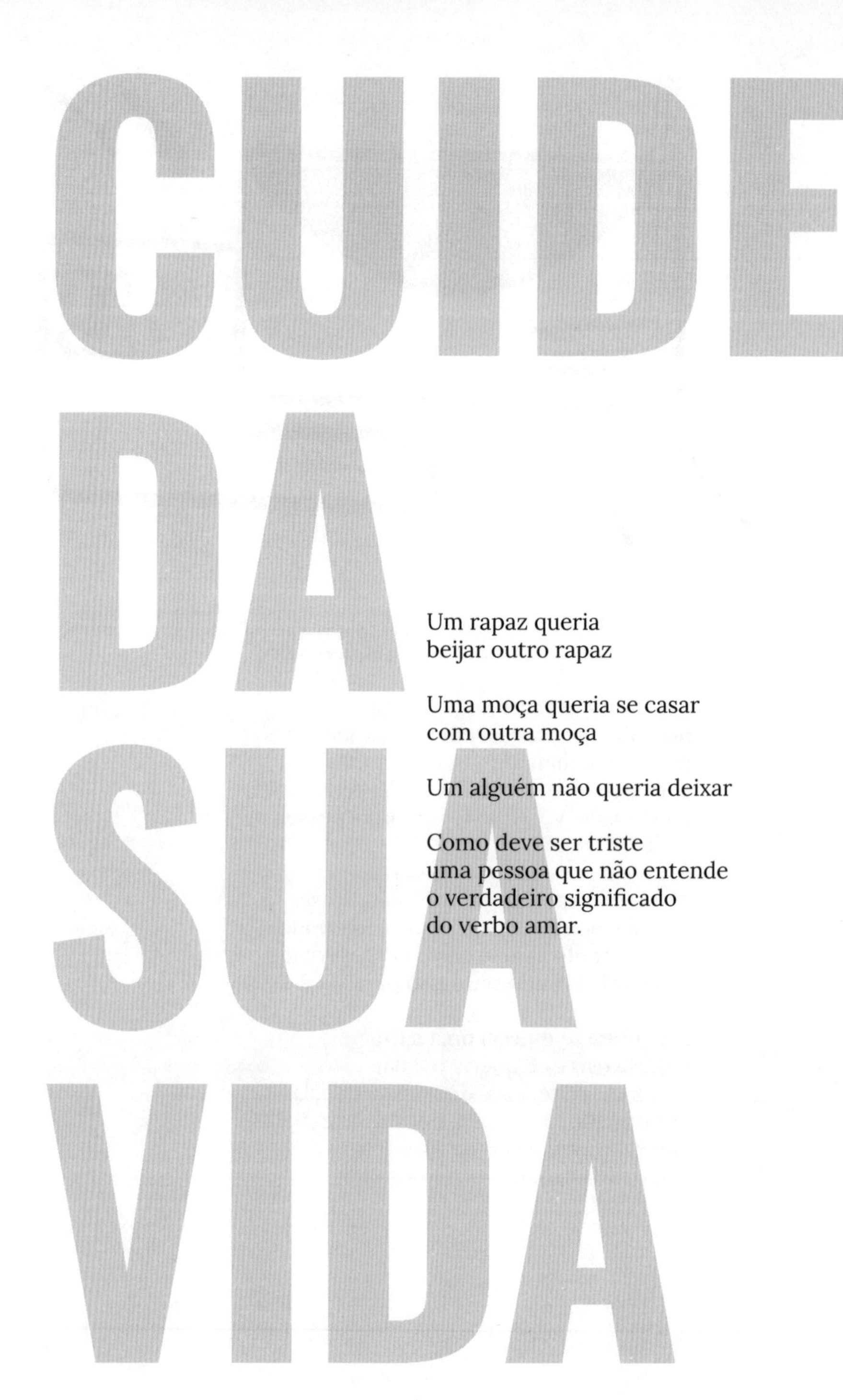

Um rapaz queria
beijar outro rapaz

Uma moça queria se casar
com outra moça

Um alguém não queria deixar

Como deve ser triste
uma pessoa que não entende
o verdadeiro significado
do verbo amar.

Prazo de validade

Meu bem
todas as noites
te vejo dançar
em meus sonhos

Todas as noites
sinto teus beijos
molhando minha boca

Todas as noites
eu tenho essa
vontade louca

Meu bem
é um segredo
eu te amo mas
morro de medo

Não quero saber
quando nosso amor
vai vencer

Aliás, nem quero
data de validade
muito menos me pergunte
a minha idade

Se o amor é eterno
não quero morrer
muito menos
voltar a nascer

Se não passar
o resto dos meus
dias com você.

Em outro lugar

Tantas vezes
tentei te agradar
te fazer sorrir
te dar todo o meu carinho

Tantas vezes
e você me fez sentir mal
me magoou
me fez chorar

O amor não deveria ser assim
eu penso

Na verdade
o amor não é assim

Eu esperei que você
me desse de volta
tudo o que te dei

Somos todos assim
esperamos reciprocidade

Mas chega uma hora
que temos que aceitar
que estamos errados

E o amor deve estar em outro lugar.

Butterflies

Sempre que te encontro
há um terremoto
no meu estômago
um tsunami
em minhas veias
um big bang
em meu coração.

Amorcídio

Apareceu do nada,
como um fantasma,
atirando amor

todos começaram a correr

Umas pessoas pularam pela janela
algumas tentaram inutilmente
se esconder embaixo da mesa
outras se abraçaram
e começaram a chorar desesperadamente
pelas suas vidas

Não há mais nada temido que o amor

Felizmente,
ninguém saiu ileso.

Cruzamentos

Passei por ti
e fingi que não te vi

Me desculpa

É que carrego a culpa
de sonhar demais com você.

Adrenalina

Pulei de uma montanha
sem paraquedas
para sentir o mesmo
que senti quando
toquei sua mão
pela primeira vez.

Aliança

É tão fácil
você falar que
a culpa é minha
que eu causei tudo isso

É tão fácil
você jogar tudo
nas minhas costas

Você sempre se fez de vítima
até nas pequenas coisas
por que não iria fazer isso agora?

Você quer que eu peça
desculpas a você?

Você quer que eu me desculpe
por não te satisfazer?

Você quer que eu
arrume a cama para você?

Afinal, você é tão respeitável
aos olhos do mundo

E eu sou apenas a sombra por trás
daquilo que se deve ser
aos olhos de quem não te vê.

Amor escondido

Alguns amores
se escondem
por medo do que
os outros vão pensar

"O amor nunca deveria se esconder"

Pensam aqueles
que sabem amar.

220V

Talvez toda essa minha eletricidade
essa vontade de correr para lá e para cá
pular muros
nadar oceanos
escalar montanhas
voar céus
pedalar estradas
gritar ecos em túneis
caçar gotas de chuva com a língua
talvez toda essa eletricidade
sirva apenas para me desligar de tudo
quando você chegar.

Do not disturb

Por favor
não me acorde antes das 11

Não antes d'eu voar como um pássaro
entre os fios elétricos dos postes
que fotografam os carros

Não antes de entrar no ônibus
totalmente nu e todos os passageiros
olharem fixamente para mim

Não antes de subir e descer
montanhas russas que desfilam
sorridentes sobre as nuvens

Não antes de apreciar
templos japoneses que se perdem
em meio aos gritos dos oceanos

Não antes de enfrentar
batalhas sangrentas em guerras
em que não tinham vilões
e muito menos heróis

Não antes de passear
por lugares que nunca mais
conseguirei voltar

Não antes de poder brincar
novamente com meu cachorro
de poder abraçá-lo
e conseguir me despedir
como não consegui antes

Por favor
não me acorde antes das 11

Quer saber?
Nem me acorde mais.

AM
10:59

Aconchego

Meu amor
deita aqui ao lado meu
é tão bonito esse sorriso
que Deus lhe deu

Deita e se joga em mim
hoje estou muito a fim
de sentir todo esse
cheiro teu

Meu amor
deita aqui ao lado meu
e vamos iluminar
a escuridão que aflige o teu coração

Deita
mas não se endireita
quero você desse seu jeito torto
que me deixa morto
morto de amor.

Achado não é amado

Não entendia mais o que era amor.

Achou que poderia comprar esse raro fruto em barracas de feiras que se armavam em dias de semana quentes.

Achou que o tal amor chegava em casa, bem lacrado, na hora do almoço com o grito do carteiro no portão.

Achou que o ganharia numa promoção de rádio, dessas do Facebook, em que se reposta a foto e marca um amigo qualquer.

Achou que se comprava no cartão pela internet em suaves prestações, nesses sites de produtos bem baratos vindos da China.

Pois é.

Achou.

Só achou.

Achou tanto, que perdeu.

Dom

Eu não me lembro de um dia, de todos esses anos, em que você acordou de mau humor, amor. Eu não me lembro.

Eu apenas me lembro de você sorrindo e falando dos sonhos que teve, mesmo sem eu nem conseguir raciocinar. Disso eu me lembro.

Eu me lembro de seus braços abertos, de seus abraços apertados e da sua preguiça interminável em se levantar, porque, para você, esse era o nosso momento mais sublime: ficarmos na cama, juntos.

E agora que eu estou me lembrando disso, fico pensando se era dom esse seu jeito, de dormir e acordar todos os dias, com tanto amor no peito.

Passagem

Eu te libertei
para você poder ver
o mundo que
sempre quis viver

Eu te libertei
para você perceber
a capacidade que tem
de conquistar

Eu te libertei
para você entender
que amor e medo
são incompatibilidade de gênios

Eu te libertei
porque te amei
e caminhar juntos
nem sempre é
estar lado a lado.

Freios

Eu queria tanto achar
aquele amor que joguei pela janela
mas já era tarde demais

Ele tinha que cair em cima
daquele caminhão desgovernado
que infectado se apaixonou por
uma bela Kombi azul-clara
parada no farol e a beijou
sem lembrar que tinha freios

Era assim que eu deveria ter amado:
sem freios.

Te quero

Te quero como se quer
algo viciante
delirante
desconfortante

Te quero como se quer algo longe
porém é impossível
ficar distante

Te quero
te quero demais

Te quero
te quero
te quero

Te quero
e isso é muito irritante.

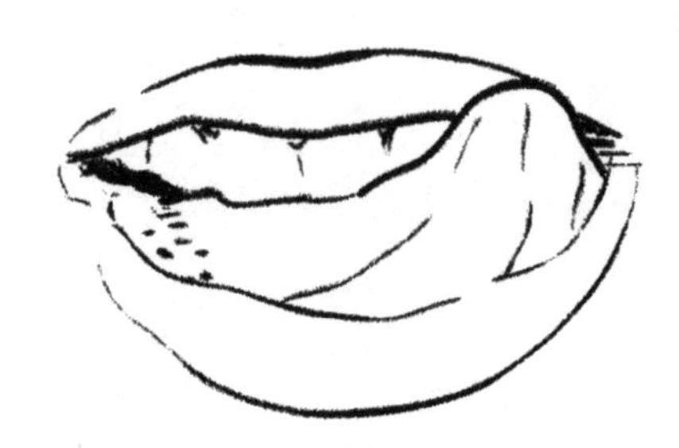

Addicted

Tua boca
é meu vício

Teu beijo
minha overdose.

Morada

Habita em mim
um amor que às vezes
dói
corrói
que me parte em dois

Mas que eu não suporto
ficar sem ele.

Mergulha(dor)

Diga nos meus olhos
que não mais me quer

Diga sem pestanejar
sem gaguejar
diga

Diga e aceitarei

Vestirei meus óculos
meus pés de pato
e mergulharei
em um mar de lágrimas.

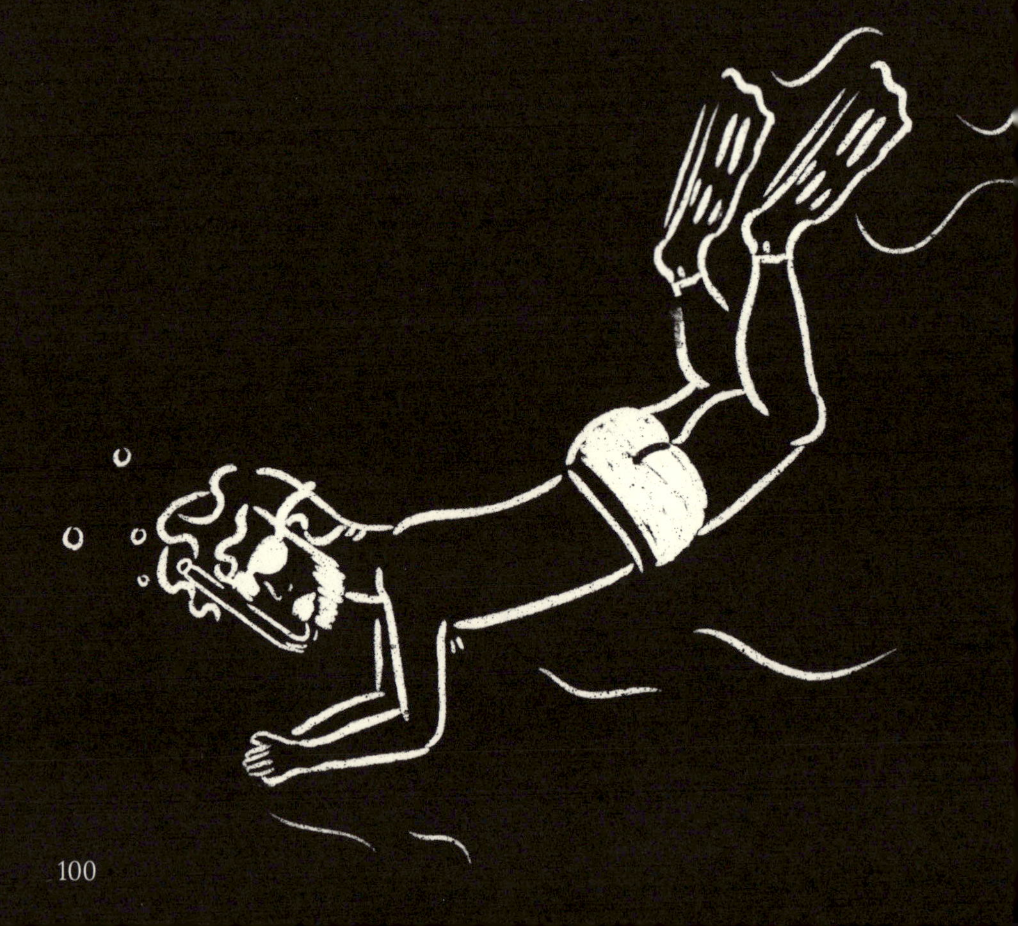

Seasons

A primavera
é abraço

O beijo
verão

A lágrima
outono

A saudade
inferno.

Tato

Às vezes
amar
dói

Às vezes
sentir nada
não dói

Às vezes
doer
é melhor do que
não sentir.

Telefone sem fio

Todas vezes
que te ligava e
desejava te ver

E você inventava
uma desculpa

Eu me perguntava
se era minha culpa
mas não era

Na verdade, era
um amor que vinha
apenas do meu lado da linha.

Álbum

Todas as memórias
e risadas estampadas
em fotos coloridas
reveladas numa
segunda-feira à tarde
acompanhada de uma
bela ressaca
e uma xícara de café
foram se apagando
com o tempo na
medida em que
tudo aquilo
não tinha mais graça
e havia se tornado
apenas uma
terceira pessoa singular.

Apele

Por favor
Apele

Me leve
para dentro
de sua pele

Me faça
lembrar
do suor

Tudo
que antes
sabia de cor

Me faça
sentir
gemer
gozar

Me faça
ter
novamente

Essa vontade louca
de amar.

OBRIGADO

Obrigado por me fazer tão mal

Obrigado. Obrigado por me fazer tão mal. Obrigado pelos meus banhos de lágrimas, pelos meus porta-retratos estourados nas paredes do meu quarto. Obrigado pelo excesso de comida, pelo sorvete de chocolate e pelos abraços na privada. Obrigado pelas músicas melancólicas de Aurora, Björk e Radiohead. Obrigado pelas noites em silêncio e escuridão, olhando para o teto e pensando no nada. Obrigado pelos filmes de romance só para me fazer pior do que eu já me sentia. Obrigado por me fazer *stalkear* o seu Facebook, Instagram e Twitter. Obrigado por me bloquear e me fazer pensar em baixar o Tinder. Obrigado por me deixar acreditar que eu não merecia ninguém em minha vida e que acabaria abraçando a solidão. Obrigado pelas mentiras. Obrigado por jogar a culpa em mim. Obrigado por me fazer tão mal, pois só depois de tanto doer, eu comecei a me reerguer, a me amar, a entender que eu merecia e que eu podia muito mais. Só depois de tanto sofrer, percebi que eu era capaz de viver sem você. Obrigado.

Molhada

Menina da Boca
avermelhada
vem me beijar
morde meus lábios
me faz sangrar
e me diz
cheia de tesão
como odeia
me amar.

Lixo

De todas as vezes que me traiu
alguma delas você pensou em mim?

De todas as vezes
que me traiu e falou
pelo telefone que estava
trabalhando até mais tarde
que ia demorar para chegar
que fosse dormir
que não era para te esperar
e que eu deveria comer porque
a janta iria esfriar
você se doeu por mim?

De todas essas vezes
que você se achou o ser
mais esperto desse planeta
enquanto eu chorava e pensava
o que havia de errado
aonde é que eu tinha falhado
você riu de mim?

De todas as vezes
que me traiu
alguma te fez sentir
o lixo que você
realmente é?

Você vai dizer que não
mas eu tenho certeza que sim.

Quebrando o gelo

Quando marcamos de sair
pela primeira vez
não sabíamos o que falar

Então resolvi te beijar
em primeiro lugar

E as nossas línguas pareciam
que já se conheciam há décadas.

Ray Ban

Ela decidiu se amar
e se amou tanto
que começou a brilhar

E o mundo vestiu óculos escuros.

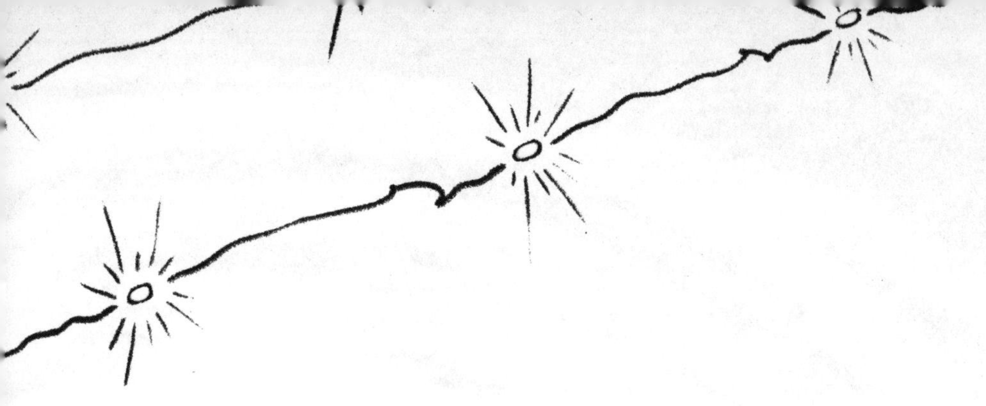

Sobre amores agendados

Você só me vê
quando quer

Mas e se eu perder a vontade
de querer você?

Quando apenas o toque não basta

Hoje resolvi ficar em casa
e abraçar minha solidão

Às vezes é bom
me encontrar no silêncio
esquecer um pouco
as noites, as bocas
as bebidas e a batida
da música que não é o coração

Há noites em que
isso não quer dizer nada
há noites que apenas
sexo não basta

Tem que ter amor
tem que ter olho no olho
um "eu te amo" molhado
sussurrado na orelha
entre as mordidas no pescoço
e o cheiro dos nossos corpos entrelaçados

E esse é o maior dos orgasmos:
Um amor que sabe foder com a solidão.

Sobre tetos que desmoronam

Você me disse
que o seu coração era
a minha casa

Mas se esqueceu
de me dar as chaves.

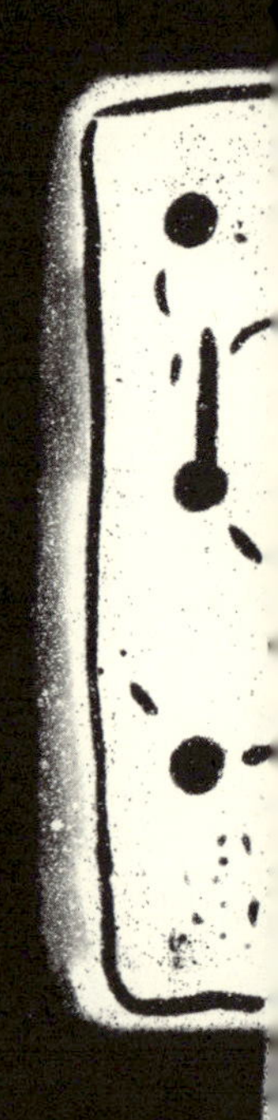

Tesouro

Eu não quero conquistar
o mundo

Eu quero conquistar você

E esse amor é
o bem mais valioso
de todo o universo.

SORRISO
CINEMA

Heroína

Sempre que eu acho
que o mundo vai acabar
que tudo vai desmoronar
você chega
sorri
me abraça
e as flores voltam a brotar
entre os escombros do meu coração.

Reinado

Não me procure mais
É demais para mim

Quando tirei toda a minha fantasia
na sua frente
expus a minha alma
o meu coração desguarnecido
e me entreguei a você

Eu vislumbrava um amor
daqueles de contos de fada
de cavalheiros, princesas e finais épicos

Essa minha santa ingenuidade
abriu a minha guarda
fez o meu castelo ruir
fez a sua coroa cair
e a espada voltou para a pedra.

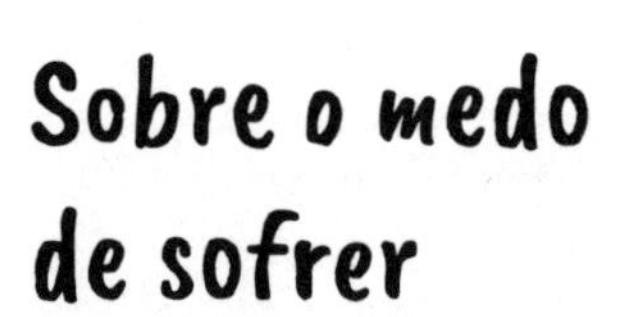

Eu adoraria
te abraçar
te beijar
te dizer que te amo

Mas o meu medo de sofrer
é maior que
a minha vontade de amar.

Resposta

Descartei todas as coisas
que me lembravam de você
joguei fora todas as lembranças
empacotei toda a esperança
de quem aguardou por muito
e recebeu pouco
quase nada
e isso não me faz mais sofrer
porque cansei de tentar entender
a falta de abraço
o seu descaso
os erros crassos
e outros casos
e hoje eu estou feliz
cada dia mais
chorar pelos cantos não me satisfaz
e tornei a canção do amor-próprio
a minha trilha sonora
e está na minha hora
de te dizer que
quando você achou
que eu não iria sobreviver
foi o exato momento
que comecei a renascer.

Não desista

Por favor
não desista de mim

Não desista
por meus anseios
traumas
medos

Não desista de mim

Não desista pelas minhas
más escolhas do passado
minha hesitação

Não desista por
não demonstrar emoção

Não desista de mim

Não desista
porque mesmo não falando
Eu te amo

E um dia eu vou sim
vou retribuir todo o amor
que você dá pra mim.

Nada

Sempre que eu amo
transbordo

Então me responde:
você sabe nadar?

Sobre a felicidade

Ninguém é feliz
todos os dias

Não dá pra ser
feliz todos os dias

É impossível ser
feliz todos os dias

Mas nos dias em
que sou feliz

Sou a pessoa mais feliz
de todo o universo.

Saiba

Não foi por mal
que me afastei de você

Foi por bem
Pelo meu bem.

Viaje por amor, mesmo se longe for

Lembra-se, amor? De quando eu ia ao seu encontro, em uma viagem de duzentos quilômetros, uma vez por mês, para ficar apenas duas horas com você? Muitas pessoas falariam que esse tempo era nada. Afinal, o que são míseros cento e vinte minutos ao lado da pessoa que se ama? Para eles, podia ser pouco. Para nós, era uma vida. Era como um romance, no qual a mocinha e o mocinho enfrentam os piores obstáculos para poderem ficar juntos. Era um filme em que vilões faziam de tudo para nos afastar, por inveja, por raiva, por não conseguir entender que amores assim são reais e por não saberem amar desse mesmo jeito, sincero.

Não vou dizer que essa saudade, essa obrigação da espera não doía. Doía sim, muito. Doía não poder te ver todos os dias, não poder ter esse seu sorriso, essa sua alegria, essa sua vontade imensa de viver. Doía. Rasgava a pele não ter seu abraço, não ter você no meu ombro, dormindo como um anjo e acordando como uma deusa.

No entanto, cada minuto ao seu lado era a recompensa de toda essa dor. Não havia distância, não havia tempo. Havia você, eu e um Universo feito apenas para nós. Havia amor. E, como todas histórias de amor acabam com um final feliz, ainda há.

Porta-retrato

Fotos são tiradas em vários momentos:

Em meio às tardes ensolaradas durante caminhadas no parque;

Em visita aos avós, no almoço de reunião de família, entre as piadinhas do "pavê ou pacumê";

Em chegadas de pessoas que estavam tão distantes que o fim da saudade precisava ser compartilhado em selfies cheias de sorrisos e hashtags;

Em camas bagunçadas com rostos esticados e felizes embaixo de cobertores quentes;

Em despedidas de amigos que partem para novas aventuras, e provavelmente os veremos novamente apenas em fotos novas, postadas na internet;

Em despedidas de amores que partem para novas aventuras, e provavelmente os veremos novamente apenas em fotos velhas, postadas na internet.

Mas, em quaisquer casos desses, qualquer um que seja, nos lembraremos dos sorrisos e das lágrimas que nos fizeram sentir, bem ou mal, vivos.

Tinha

Tinha tanto amor por você
ficava horas te admirando, te olhando
e quando não estava por perto
pensava em ti

Tinha tanto amor por você
imaginei a nossa casa, filhos
viagens à praia nos feriados
dormir até tarde aos domingos

Tinha tanto amor por você
pensei num cineminha
pedalinhos no parque
ou até mesmo um encontro com os amigos

Tinha tanto amor por você
e tudo era tão lindo
mas eu precisava te conhecer
pena eu nunca ter me atrevido.

Companheira

Sentou-se ali, o senhor
à beira da cama
se apoiando com os braços
cabisbaixo
quieto

Sentou-se e a
f
u
n
d
o
u
e ao olhar para o lado
avistou as pantufas rosas, peludas
que ela gostava tanto
e não iria mais calçar.

Sinta-se em casa

Abro as portas
do meu coração

Entre
sem limpar
os pés

Sinta-se
em casa

E casa comigo.

Pássaro

Queria ter te falado
sobre as escadas enormes de Porto
e o café forte que tomei
na chávena que é xícara e eu nem sabia

Queria ter te falado
sobre a sensação que se tem
quando se vê aquelas casinhas
que só víamos nos filmes europeus

Queria ter te falado
sobre as andorinhas que voam
por cima da sacada do apartamento
e os cigarros atentos

Queria ter te falado
sobre as águas calmas do Tejo
sobre o barulho de Chiado
e os bondes de Lisboa

Queria ter te falado
que foi cortante te deixar para trás
mas era algo inevitável
pois minhas asas já estavam cansadas
da gaiola que eu mesmo criei.

Reflexo

Quando somos novos
nos apaixonamos por aparências
mas com o tempo
percebemos que algumas aparências enganam
e quando amadurecemos
aparentemente
aprendemos que o mais belo
não se reflete no espelho.

Nuvens

Essa noite pensei
tanto em você
pensei

A minha cabeça
pesou no travesseiro

E atravessei as nuvens
das paredes do meu quarto
sonhando em te ver.

Não beije amanhã quem você pode beijar hoje

Quantas vezes você se arrependeu, no dia seguinte, por não ter dado aquele beijo na balada da noite anterior? Já sei, você está olhando para cima e contando nos dedos, não é? Foram várias vezes. Por que insistimos em nos arrepender de coisas que não fazemos? Um simples beijo. Bom, uns dois simples beijos. Ok, vários beijos, se a pessoa beijar bem.

Beijar é sensacional. É melhor que coxinha. E olha que coxinha é algo sublime, de outro mundo, quem não gosta daquela massinha gostosa? Beijar é melhor que chocolate. Você ficou na dúvida agora? Tudo bem. Beije com chocolate na boca. Fica melhor ainda. O fato é que não podemos perder as oportunidades, se é hora de beijar, beije. Beije gostoso. Você não irá se arrepender no dia seguinte, ou vai, mas só se o beijo não for bom.

O importante é que o arrependimento por algo que você tenha feito é bem menor do que por algo que você não fez, pois a dúvida que fica na sua cabeça te consome: "Será que ia ser bom? Será que ia pra frente? Será que ia ter pegada?". Eu já presenciei casamentos que começaram com um beijo na balada e que estão firmes até hoje, e namoros que estão firmes até hoje. Acontece. Por isso, siga meu ditado: Não beije amanhã quem você pode beijar hoje. O amanhã pode nem chegar.

POR QUE INSISTIMOS EM NOS REPENDER DE SAS QUE NÃO FAZEMOS?

<<

Coloquei aquele DVD para assistir
nossas lembranças mais felizes
com as danças mais lindas
e o *bouquet* jogado no ar

Ah, que bom seria
se pudéssemos dar
rewind na vida.

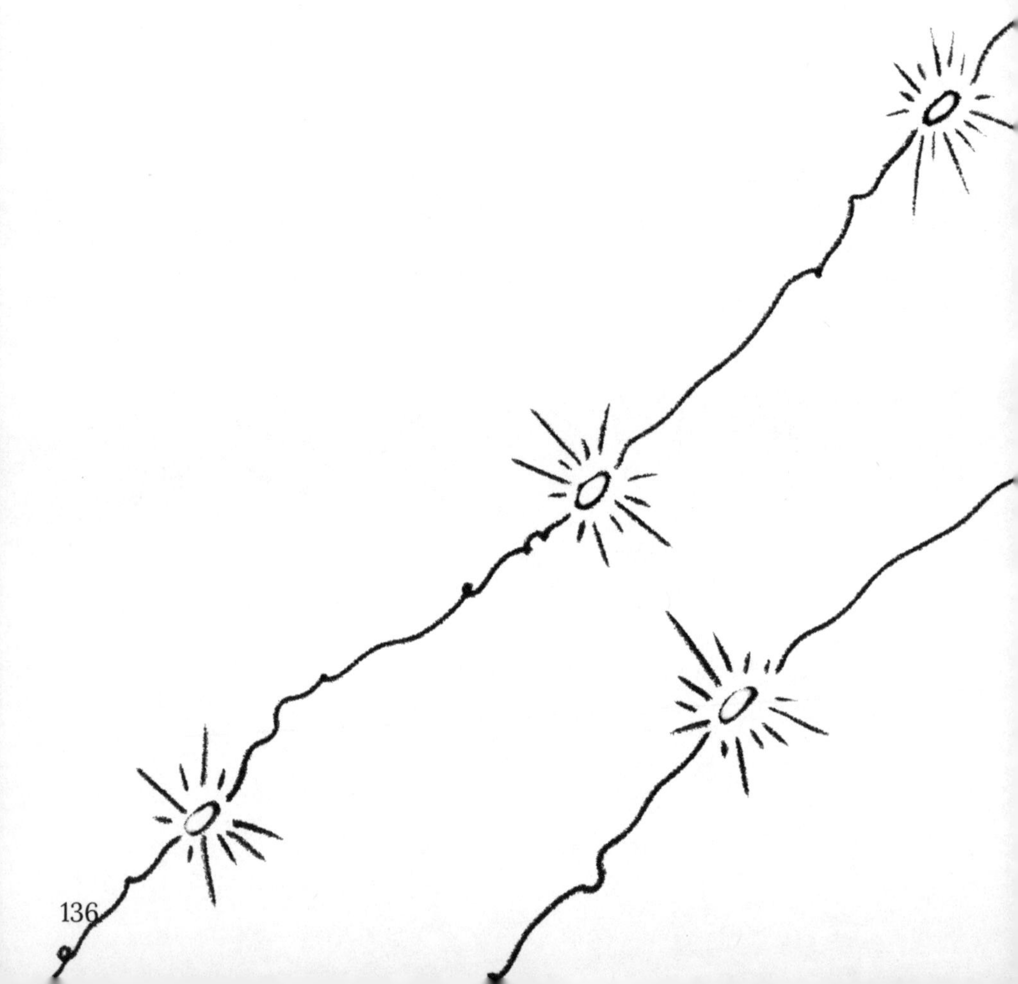

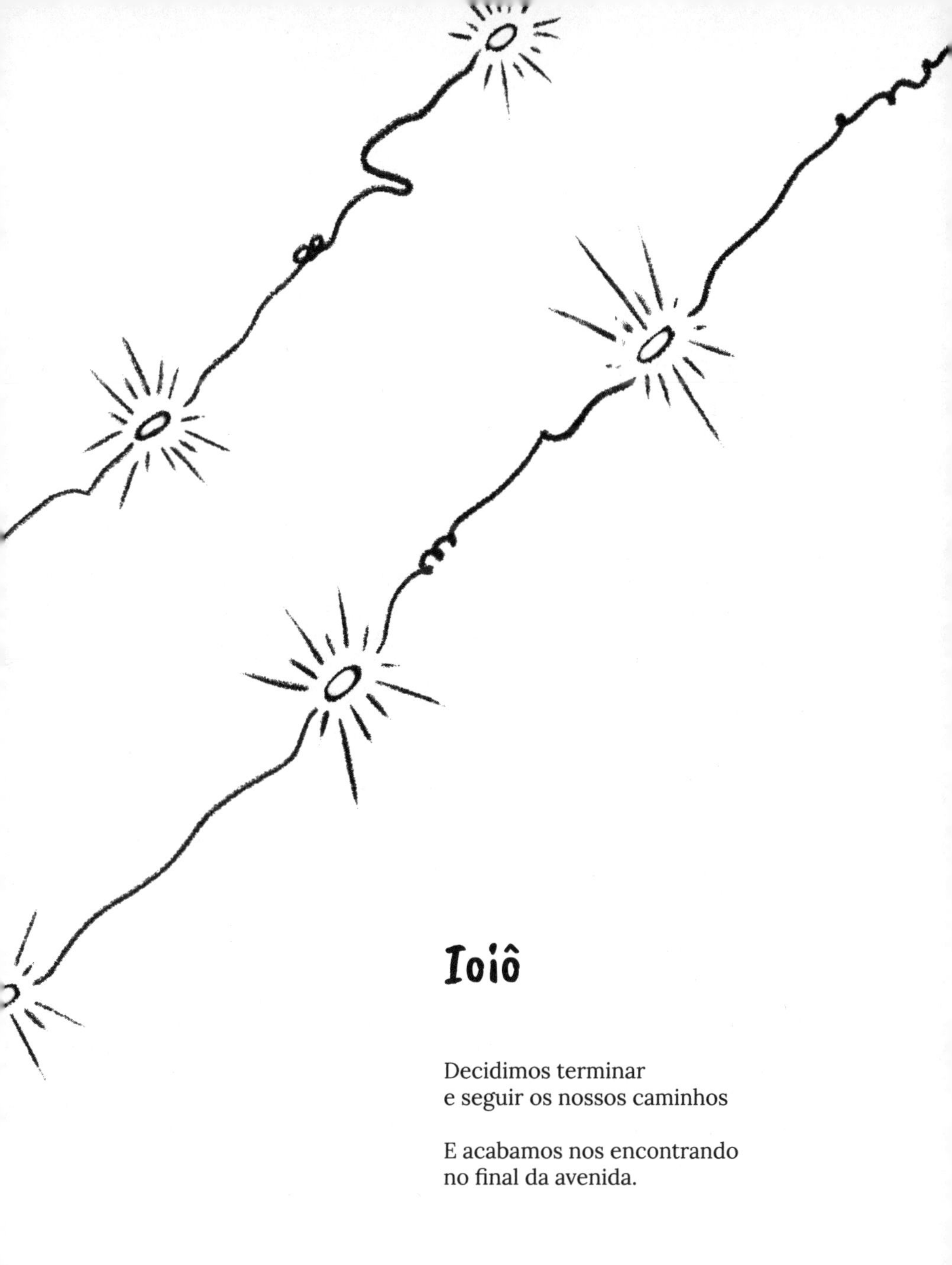

Ioiô

Decidimos terminar
e seguir os nossos caminhos

E acabamos nos encontrando
no final da avenida.

Papo com o espelho

Desligou o telefone. Juliana acabara de terminar o seu namoro. Já havia tentando terminar outras vezes, mas dessa vez acabou de verdade, e algo a fez acreditar nisso: nenhuma lágrima escorreu de seu rosto. Estava leve, havia arrancado um peso de suas costas. Já havia chorado demais durante o seu relacionamento, chorado pelos maus tratos, pelo desrespeito, pelas noites em que foi dormir sem ao menos saber onde ele estava... Ela finalmente entendeu que amor vem dos dois lados, que amor de um só coração não basta, que reciprocidade é uma regra básica para a felicidade.

Juliana sentou em frente à tevê, que passava aqueles comerciais felizes de margarina. Na casa vazia, inclinou a cabeça para trás e se acomodou no sofá. Ela olhou para o teto branco que tampava as estrelas lá fora. Estava cansada de olhar para as paredes, estava cansada de se sentir presa. Pegou o telefone e mandou mensagem para as suas amigas. Disse que queria sair, ver o mundo novamente, e que tinha que ser com elas, porque sabia que suas amigas sempre estavam ao seu lado nos momentos difíceis, sabia que delas vinha o amor verdadeiro, esse amor inquestionável, que dura uma vida inteira. Suas amigas falaram que sim, que fosse se arrumar e que a pegariam em sua casa.

Juliana se levantou, entrou no banheiro e encarou o espelho. Olhou para um rosto que não via há algum tempo, uma feição que havia partido sem ela ao menos ter percebido, mas que tinha acabado de voltar, e com um sorriso nos lábios, disse: "Oi, Ju! Você por aqui, que bom te ver de novo, que bom esse sorriso no teu rosto, vai ficar de vez? Vai, né? Não quero ver você mais tristinha. A partir de hoje, o teu coração não vai mais chorar".

(toca a campainha).

Desabafo

Teu abraço mudo
fala mais que tudo.

Daltonismo

Quando nos apaixonamos
não importa a cor

Posso te contar um segredo?
o amor é daltônico.

Quando o ódio se faz presente, dê amor

Dona Júlia era uma mulher muito mal-humorada, era uma daquelas vizinhas bem ranzinzas, que reclamam de tudo. Se algo caísse no chão, por mais leve que fosse, lá estava ela batendo na parede. Se ligasse alguma música para combinar com o fim de semana lindo e azul, lá estava Dona Júlia ligando para a polícia.

Ninguém aguentava a falta de alegria que vinha daquela casa. Era impressionante. O bairro era todo colorido, como o filme de Edward e suas mãos de tesouras, mas a residência da senhora ranheta era completamente cinza. Os seus vizinhos nem respiravam quando a encontravam no mercadinho do seu João. Alguns até se escondiam atrás das prateleiras. Há quem disse, uma vez, que quando um senhor foi fitado por ela, mesmo com dificuldades para andar, se assustou e deu um pulo pela janela. Dona Júlia era fogo.

Porém, um domingo desses comuns, em que todos estavam na rua, algo aconteceu. Um cachorrinho entrou em seu quintal. Mesmo com as crianças gritando que não, ele se atreveu a pisar em sua grama. A senhora rabugenta, ouvindo a barulheira, saiu com os olhos vermelhos de raiva e sua vassoura na mão. Todos ficaram paralisados. O corajoso invasor se sentou à sua frente. Com os dentes rangendo, Dona Júlia pegou-o com as mãos, o aproximou de seu rosto e fez sua assustadora cara de má. O cãozinho a olhou e deu uma pequena lambida em seu nariz. Dona Júlia sorriu. Sua casa ficou colorida novamente.

A saudade também faz piada

Na tarde desse domingo, estávamos, Marie e eu, parados do lado de fora da Livraria Cultura, no Conjunto Nacional, quando um senhor sorridente se aproxima e diz:

"Quero ver se vocês adivinham! Ela" – apontando para a segurança do prédio – "não adivinhou! Agora me digam: o que é feito para andar, mas não anda?"

Fiquei pensando sem ter a mínima ideia, mas Marie arriscou:

"A muleta!"

"Não! Muleta anda! Com alguém, mas anda! Não sabem? É a calçada! Eu estava dando a pista, olhando para o chão, mas vocês não adivinharam!"

Diz, sorrindo, o simpático senhor. Estava frio, mas estávamos entretidos com a conversa. Notei que ele carregava um papel no qual as anedotas estavam escritas à mão, para não as esquecer.

"Mais uma! Qual é a metade de 2 mais 2?"

Marie rapidamente fala:

"4! Não! 3!"

"Isso mesmo, você é esperta! Esperta e uma belezura! Tome menos doses de belezura, por favor!"

Marie sorri e agradece.

"Eu pensei em 2, mas não ia acertar nunca! Sou péssimo com números..." digo, derrotado.

"Então, você não iria acertar mesmo! Mas ouve essa! O chefe de uma multinacional estava entrevistando um candidato a emprego na sua firma e pergunta: 'Você e casado? "Não senhor." Ah, então não serve!' O candidato, indignado, pergunta o que um empregado casado teria melhor que ele? O chefe diz: 'O casado sabe obedecer!'"

"Verdade!" Digo eu, rindo.

> "Essa é a última. Vocês vão responder uma coisa, mas é outra! O que cai em pé e anda deitado?"
>
> "A chuva!" Falamos os dois, ao mesmo tempo.
>
> "Não! É uma minhoca de paraquedas!"

O senhor, que nem falou seu nome, bate no meu ombro, sai sorrindo e vai ao encontro de um rapaz que estava próximo de nós. A segurança, que estava nos assistindo, nos chama e diz:

> "Vocês sabem por que ele faz isso? Esse senhor mora aqui, nesse prédio. Ele perdeu a esposa esses dias. Ele fica sozinho, então desce e vem contar piadas para todos que encontra na rua, para afastar a tristeza."

Ficamos surpresos. Difícil conter as lágrimas em uma hora dessas. Queria saber antes a história e dar um abraço nele, bem apertado.

Pois é, às vezes a saudade também faz piada. E sorri.

Nunca dê amor para a pessoa errada

A primeira vez em que postei isso no meu Instagram, me perguntaram: "Mas como vou saber que a pessoa é errada?". É claro que, na hora em que você se apaixona, você não faz a mínima ideia se ela é o amor da sua vida, se essa pessoa vai te fazer bem e te beijar mesmo se você estiver com bafo de manhã. Mas, com o tempo, você saberá.

A pessoa errada só pensa nela mesma, só aparece para te ver quando tem vontade, só vai para lugares com você que ela quer ir, sem ao menos te perguntar onde você quer se divertir, ou onde você quer comer. Ela é egoísta, e outra, nunca tem dinheiro, sempre dá um jeitinho, sempre invente uma desculpa, ou esqueceu a carteira, ou gastou com um jogo novo que saiu no Playstation, e por aí vai.

E você vai aceitando, porque você está apaixonada. Você ama acima de tudo, e acaba fazendo suas vontades e abrindo mão das suas. Você deixa de sair com suas amigas, porque esse ser "fantástico" não quer, mas a criatura sai sem te avisar e nem se preocupa em pegar o celular para avisar que chegou.

Agora eu sei que você pensou: "Nossa, é mesmo! É bem assim!" Portanto, não dê amor certo para a pessoa errada. No primeiro sinal de egoísmo, seja egoísta e pense em você primeiro.

Mesmo assim

Meu amor
mesmo se amanhã
nós nos magoarmos
nós terminarmos
e chorarmos

Mesmo assim eu me lembrarei
de todos os bons momentos
que tivemos

E tudo isso
terá valido a pena.

Nuvens com possibilidades de pancadas de chuva

Eu vejo algumas
nuvens em meu quarto
mas não tenho mais
medo da chuva

Já faz um bom tempo
que meus travesseiros
estão ensopados.

AINT

O que você quer ser quando viver?

Nascemos. Chegamos ao mundo e, logo de cara, tomamos um belo tapa no traseiro para chorarmos. Traduzindo: Já começamos a apanhar da vida. Ninguém falou que seria fácil. Nem saímos do colo de nossas mães e já temos que estudar e fazer vários trabalhos. Temos que encarar a sociedade. Temos que encarar o que ela nos impõe.

E não é só ela. Nossos pais também. Nascemos para sermos bem-sucedidos: doutores, advogados, engenheiros, dentistas, presidentes de empresas, modelos, políticos, enfim. Qualquer coisa que dê dinheiro. Não podemos ser menos do que isso. Você gosta de dar aula? "Professor? No Brasil?! Vai passar fome!" Você gosta de pintar: "Vai vender quadros onde? Em alguma feirinha hippie? Vai viver de luz do Sol? " Você quer ser escritor: "Ninguém lê nesse país! "

Enfim, as pessoas vão te podando com o tempo. Tudo que te era permitido quando criança, você não pode fazer mais. Aos poucos, os sonhos vão se dissipando, e você não brinca mais, como Calvin, que encosta seu tigre Haroldo para fazer sua lição de casa, e essa falta de sonhos te faz ver o mundo sem cores, te faz achar que a vida tem que ser desse jeito, sem brilho, séria. Você passa anos assim, pagando contas, preocupado e sem mais ter vontade de sorrir.

Mas aí vai uma grande dica para você, sente-se e se prepare, pois você ouvirá a coisa mais simples que alguém poderia lhe falar, mas que irá mudar sua vida:

AINDA HÁ TEMPO!

A H

E M P

Por que essa frase ainda não tinha caído como uma bomba na sua cabeça? Óbvio, porque você ainda não tinha parado para pensar nisso! Você já estava como o Calvin, já havia encostado seu bichinho, que estava triste e quietinho lá no canto, de castigo.

Você ama pintar? Pinte! Você ama surfar? Surfe! Você ama dar aulas e educar seres nesse novo mundo? Ensine! Você quer ser uma cantora pop e fazer multidões dançarem? Cante!

Mas só um aviso: Faça com amor! Faça com MUITO AMOR! Se você fizer isso com todo o amor do mundo, você não vai parar para se preocupar com contas, mesmo se estiver com as calças apertadas, você não vai ficar brigando com todo mundo, ou descontando nos outros a sua falta de tempo para fazer as coisas que realmente lhe fazem bem, e sabe o por que? Porque você será o que eu e todo o resto do mundo quer ser quando viver, a coisa mais simples e complicada de toda a nossa existência neste planeta azul no qual vivemos:

FELIZ.

A pele que habito

A pele que habito
não tem nada a ver comigo

A pele que habito
não foi a que eu pedi
naquela noite fria de domingo

A pele que me visto, sim
é a minha cara, e brilha
é a que todo mundo para pra ver
para aplaudir ou cuspir
mas eu não ligo

A pele que eu me visto
e visto com orgulho
faz muito barulho
porque tem gente que não entende

Que a pele que habito
não tem nada a ver comigo

E eles
não têm nada a ver com isso.

O peso da esfera

Aqui, embaixo dessas árvores
pessoas suam seus corpos
arremessando pesadas esferas
enquanto gritam ferozmente
para acordar seus músculos

Eu apenas observo enquanto leio Drummond

Acho que lidar com o peso da esfera
nunca foi o forte dos poetas

Um dia, inevitavelmente
todos os corações pararão de bater

Menos os dos poetas
esses baterão para sempre.

Primeiro o olfato, depois o tato

O teu cheiro sempre
vem primeiro
antes do contato
antes do abraço
antes do amor
se tornar inteiro.

Sonho

Tudo que eu
sempre sonhei
foi ela

Menina tão bela
por dentro
por fora

E a partir
de agora
não vejo a hora

De me tornar
um alguém
que ela sonhe também.

Acabou

É o melhor para nós dois, você disse
enquanto segura sua xícara de café
com a mão esquerda e traga seu cigarro
com a mão direita mas sem
olhar diretamente nos meus olhos
e o tempo extremamente nublado
parece até uma homenagem a este momento
logo logo vai chover, você diz
dane-se a chuva, eu penso
eu não sei o que falar
e você também não
e depois de tantas histórias juntos
nos tornamos assim, estranhos
como aquele rapaz do outro lado da rua
que olha o relógio
e parece se apressar para pegar o ônibus
(começa a chover)
você diz, falei
eu penso, sempre se achando a voz da razão
olho para os lados
começo a chorar mas disfarço
sinto uma vontade imensa de gritar
mas não sou de áries, não sei fazer escândalos
o que as pessoas desse lugar iriam pensar?
os carros passam, a borracha beija o asfalto
e nenhum deles sabe, inocentemente
que o mundo está prestes a acabar.

Despedida

Hoje é o dia. Hoje você vai atrás de seus sonhos e, por algum motivo, não posso ir com você. Essa tal estúpida responsabilidade que herdei de meus pais. Queria eu ter conseguido me desvencilhar desses genes hereditários.

Hoje é o dia, e não consigo dormir. Você parece tão calma nessa madrugada e eu fico aqui, apreciando o seu sono, ouvindo a sua respiração pela última vez e apreciando o cobertor te abraçando enquanto você segura a minha mão.

Hoje é o dia. A mala já pronta descansa no canto do quarto. A passagem no bolso esquerdo de seu casaco mostra o destino no qual eu não te encontrarei e, enquanto você estiver viajando, eu voltarei para casa fumando um cigarro, com os olhos lacrimejando e imaginando quando novamente voltaremos a amar.

(toca o alarme)

Respira, moça, esse ar de coragem que te leva à liberdade

Fernanda nunca se preocupou com o que os vizinhos iriam pensar. No início da madrugada, pegou suas coisas e partiu, resolveu ser feliz em outro lugar. Não tinha medo da vida que podia levar. Sempre batalhadora, nunca se escondeu da guerra. Foi atrás do que queria, mesmo que isso lhe custasse épocas difíceis. Ela é assim, respira coragem.

Mesmo ouvindo de todos que devia se adequar, sempre foi uma mulher de opinião forte e ninguém muda sua cabeça quando decide fazer algo que quer. Cansou das brigas, das lágrimas, do tempo perdido, dos amores sofridos. Ela sabia que merecia muito mais que isso. "- Ninguém deve sofrer!", pensava ela, "- Eu, muito menos!" A passos silenciosos, saiu de casa e sem olhar para trás, fechou a porta. A noite estava linda, as estrelas brilhavam como os seus olhos, e o que ela via à frente, ninguém mais conseguia avistar: Liberdade.

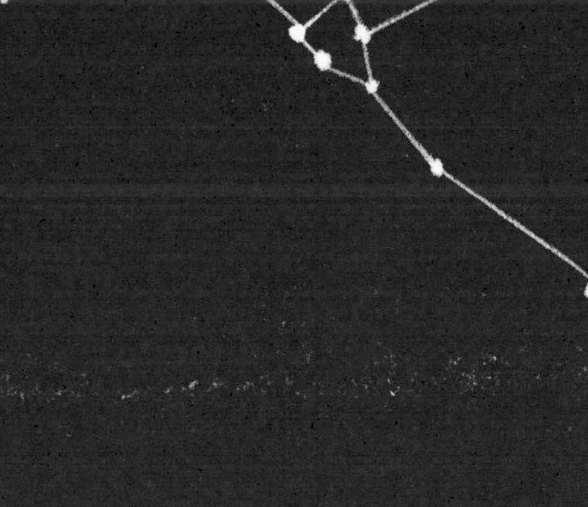

Constelações

Fomos ao Planetário
e a maior estrela que avistei
estava sentada ao meu lado.

Sessão da tarde

Meu pai sempre me levou ao cinema, desde muito pequeno. Lembro que fomos assistir E.T., e estava tão lotado que a mulher sentada à nossa frente havia perdido uma das sete crianças que a acompanhavam. Um desespero. Contava e recontava. Não me lembro que fim levou a pobre senhora, apenas me lembro dela murmurando: "1... 2... 3... 4... 5... 6... ai meu Deus!" Foi engraçado. Eu era um menino inocente, não entendia a seriedade da situação. Espero que já tenham se encontrado.

Enfim, o cinema foi algo que sempre gostamos. Aprendi isso com o velho, graças a nossos passeios no cine Vitória em São Caetano do Sul, ou quando íamos passar férias em Santos, no Sindicato dos Comerciários, e fritávamos naqueles cinemas vagabundos e quentes, sem ar condicionado, mas com filmes tão interessantes para meus olhos que eu nem me importava com o suor escorrendo pela minha testa. Assisti "A hora do Espanto" em uma tarde infernal dessas e morria de medo de um tal "Maligno" e suas piadinhas vampirescas e sarcásticas. Tinha muito medo mesmo, mas adorava.

Me recordo também que uma noite dessas do litoral, fomos assistir "Aliens – O resgate" enquanto minha mãe, minha irmã e minha prima, com medo, foram ver "A morte pede carona". Se arrependeram, claro. Rutger Hauer, em sua versão psicopata de beira de estrada, conseguia ser mais assustador do que um alienígena com duas bocas que babava ácido.

O tempo foi passando e o amor ao cinema foi aumentando. Fui conhecendo os grandes diretores: Alfred Hitchcock, Brian de Palma, Stanley Kubrick, Martin Scorsese, Steven Spielberg, George Lucas, Woody Allen etc. Mas ao mesmo tempo, fomos diminuindo nossas idas de dupla implacável. Fui crescendo.

Entrei naquela fase de não querer mais passear com o pai. Saía para assistir filmes com os amigos, me tornei um "aborrescente" e o velho foi abandonando as tardes de cinema e aderiu à televisão, ao videocassete, consequentemente, ao DVD e atualmente à Netflix – que eu fiz questão de ensiná-lo a manusear, porque sei que esse amor por filmes continua.

Hoje, ele está na casa de seus 80 anos. Ainda discutimos bastante a sétima arte em nossos almoços diários, mas tenho muitas saudades daqueles passeios de mãos dadas até a fila da pipoca.

A paz é você quem faz

Chega um momento em que você simplesmente cansa. Cansa de se meter em relacionamentos conturbados, problemáticos, cheios de joguinhos, no qual a pessoa visualiza e não responde suas mensagens, não atende suas ligações, diz que não está a fim de te ver, alegando motivos banais, faz ceninhas de ciúmes... enfim, você simplesmente cansa.

Não cansa apenas porque você desistiu de correr atrás, mas sim porque você percebeu que quer algo melhor em sua vida, que você MERECE algo melhor. Isso se chama evolução. A vida nos faz passar por momentos difíceis para que possamos entender que devemos aceitar um amor que esteja à nossa altura. À altura de uma pessoa que luta, que cai da cama cedo, dorme tarde e trava batalhas para conquistar coisas melhores, estudando e trabalhando ao mesmo tempo. Se você faz tudo para conseguir o que deseja, por que você aceita alguém que não dá a mínima para você?

Chega um momento em que você quer um amor que esteja ao seu lado, qualquer que seja a situação, que cuide de você, que seja seu parceiro, que saia correndo quando você precisar de um ombro, um apoio, uma pessoa que tenha vontade de estar ao seu lado e caminhar junto com você. Mas esse amor depende que você compreenda que a escolha é sua, e essa escolha tem que ser a melhor sempre, aquela que preenche o seu coração, que te dá paz. E essa paz, no final das contas, é somente você quem faz.

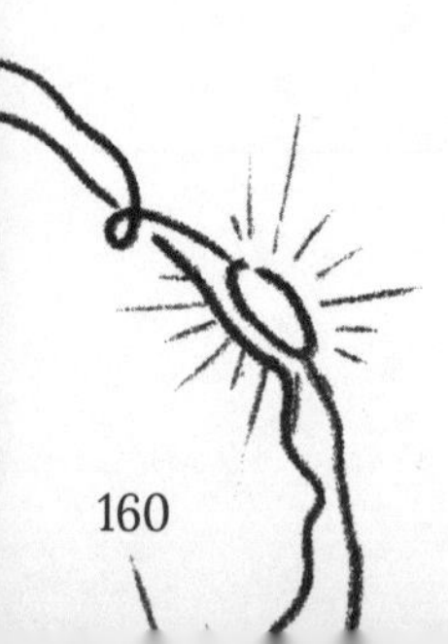

Lembrancinha

Você é como aquele *irish coffee* que se toma nos dias frios de Quebec, que eu morro de saudades, mas é uma longa viagem de Toronto apesar da estrada macia e da visão de cartões postais que são vendidos a *one dollar* na *Wallmart*, e as pessoas se sentam nas calçadas e comem seus *hot dogs* enquanto ouvem os hits da semana tocando na HMV e seus cds *on sale* e o sol atrapalha a vista e me faz lembrar da neve de Sendai, que refletia em meus olhos e me fazia usar um Ray Ban que nem sei onde foi parar no caminho de volta para casa, com malas cheias de roupas amassadas, DVDs de bandas japonesas e lembranças do gosto da borda daquela xícara branca cheia de detalhes da cafeteria.

A resposta vem do céu

Sofia colocou os pés na água do rio. Ao mesmo tempo em que olhava para o horizonte, pensava em tudo que tinha passado nos últimos dias. Ainda tinha as promessas de amor em sua cabeça, os risos, os beijos, os sonhos... todos se foram. Era inevitável o gosto salgado das lágrimas escorrendo pelo seu rosto. Tão inevitável quanto a água que se chocava contra as pedras. Ela não aceitava. Lutava para entender onde tinha dado errado. A conversa não tinha sido nada agradável, nenhuma despedida é, mas quando apenas um quer partir, a dor se intensifica e a surpresa repentina é pior que o abraço de carros em noites mal dormidas.

Sofia mexia os pés no rio. A água se movendo refletia o seu rosto de uma forma turva, assim como o seu coração, que batia lentamente na mesma frequência que seus dedos na terra molhada. Já não se sentia amada, se achava descartada e que não valia nada.

Havia um grande espaço em sua volta, e a imensidão era proporcional ao silêncio. Nem os grilos pareciam estar lá. "Meus Deus! Para onde foi o amor?", sussurrou, e quando se preparava para mergulhar em uma despedida profunda, viu um pequeno ponto se aproximando, mas era difícil descrever. Tapou o sol que a cegava, com a sua mão e finalmente a avistou. Uma joaninha pousou suavemente em sua mão, pacífica e com a beleza de sua cor vermelha e seus pontinhos pretos. Sofia secou suas lágrimas com as pontas de seus dedos, sorriu, se levantou, agradeceu e se depediu do rio. A resposta de Deus havia chegado do céu.

Estrelas cadentes, amores decadentes

A cada amor
que se vai
uma estrela cai

E ficamos aqui
sozinhos
decadentes.

Fatia

Ela sentou-se ao meu lado na cafeteria, me pediu licença, agradeceu e sorriu graciosamente. Eu retribuí, meio sem graça, enquanto bebericava um expresso com três colheres de açúcar. É assim que gosto do meu café, forte e doce.

A bela moça pediu um frappuccino de chá verde e um pedaço de bolo. "Eu adoro frappuccino de chá verde" – pensei.

Assim que o garçom anotou o seu pedido, não pude deixar de reparar no livro que estava lendo: "Minha Querida Sputnik", de Haruki Murakami (Eu adoro como Murakami sabe retratar a solidão como ninguém). O que eu não havia percebido era que, ao mesmo tempo, ela olhava para mim: "- Você gosta de Murakami?" - ela me perguntou. "Nunca li!" - eu respondi. A encantadora mulher sorriu novamente e voltou para sua leitura.

"Mas que imbecil que eu sou!"

E voltei para o meu café e os classificados, à procura de aluguéis baratos de quartos dos fundos.

Haruki Murakami

A vida é curta. Portanto, curta

Viva. Essa é a mais simples e importante regra. Quando eu digo viva, não falo apenas sobre respirar, comer, beber, dormir.... Viva. Viva de verdade. Viva a vida. Não fique apenas em casa, na frente da TV ou do computador, assistindo séries na Netflix. Viva. Vá se divertir, do jeito que você achar melhor. Se você gosta de encontrar os amigos, andar por aí e beber, faça.

Se você adora filmes, vá ao cinema, coma uma pipoca, encontre aquele seu *crush* do Tinder e dê uns beijos. *Double fun*! Se você curte uma balada, vá dançar. Dance até você não se aguentar mais, sinta a música em seu corpo, pule sem parar e beije novamente! *Triple fun*! Vire a noite sem dormir. Aproveite cada segundo que passa. Assista ao nascer do sol. Você não pode passar a vida sem assistir ao menos UM nascer do sol. Não sabemos o que acontecerá no dia seguinte.

Pare de desperdiçar o tempo se lamentando, dizendo que nada dá certo, que seus amores não duram... Esqueça o que te faz sofrer. Chorar não vai te salvar. Potes de sorvete funcionam apenas na hora, como o creme dental numa queimadura. Esqueça tudo isso. Seja livre. Seja feliz. A vida é curta. Portanto, curta.

Até o fim de nossas vidas

Traga consigo todo o seu amor
mas traga também
todos os seus traumas
erros, mágoas

Eu suportarei e
estarei ao seu lado
porque te amo

E amar é assim
é lutar até o fim.

Não parta

Quando você diz
que vai partir

Eu pulo no teu pescoço
te abraço
e não quero mais soltar

Quando você diz
que vai partir

Eu deito minha cabeça
no teu travesseiro
sinto o seu cheiro
e espero não mais passar

Quando você diz
que vai partir

Eu te encho de beijos
e mesmo se não deixo
a saudade bate à porta
e começa a me namorar.

O medo do outono

Desenvolvemos uma grande habilidade para esconder o que sentimos. Não nos declaramos logo que nos apaixonamos. Aprendemos a "lição". Mas será essa, a lição correta? Caímos demais em amores falsos, tipo fake news. Parece uma coisa, todo mundo fala que é verdade, mas no fim, é só mais uma história inventada para tentar te enganar. Adquirimos isso conforme os desamores que passaram pelas nossas vidas. Nos tornamos pessoas secas, como as folhas das árvores de outono. E isso não acontece de propósito. Ninguém fica assim porque quer. É engraçado. Perceba que, para evitar o sofrimento, decidimos sofrer de uma forma diferente. Um sofrimento que vem de dentro da gente, e não de outra pessoa, outro possível amor... um sofrimento que nos corrói. E partindo do princípio de nos resguardarmos, acabamos entregando a dor para alguém que pode realmente ser o amor da nossa vida. Entenda: Não demonstramos amor porque, no passado, alguém nos fez sofrer. Mas isso foi no passado. Então, você encontra uma pessoa nova, que pode ser boa, que pode ser totalmente diferente das anteriores, que pode ser a pessoa certa, que veio para ficar, a pessoa para te abraçar nos dias ruins, para te beijar ao dormir e ao acordar e estar sempre ao seu lado, mas esse bloqueio nos impede de tornar isso realidade. Não podemos deixar esse medo nos dominar. Não podemos deixar o passado nos amargar, nos apavorar. Ainda há pessoas que são feitas de amor, e se esse medo nos impedir de tentarmos mais uma vez, secaremos nossos corações para sempre. E o outono nunca mais acabará.

O PODEMOS
DEIXAR O
SSADO NOS
RGAR, NOS
APAVORAR.

BUM!

O amor é uma bomba-relógio. Ele pode explodir os nossos corações enquanto tentamos cortar os fios e não sabemos qual cor é a certa. Os segundos vão passando e o suor escorre pelos nossos olhos, atrapalhando a nossa visão. O amor é assim, nos cega, e não há mais espaço limpo entre os lenços para se secar e voltar a enxergar. O relógio continua batendo, dentro daquela caixinha que se localiza em nossos peitos. É aterrorizante. Tudo fica obsoleto quando estamos dominados pelo amor. Tudo à nossa volta deixa de ser relevante, mesmo que por um instante. Um movimento errado pode ser fatal. O amor é foda. Ninguém é capaz de decifrá-lo. Nem os mais estudiosos matemáticos, muito menos os literários, que não têm a mínima intenção de desvendá-lo. Mesmo assim, continuamos viciados no amor. Deve ser por causa da adrenalina, por termos espíritos aventureiros, por colocar nossas bocas em perigo ou pelo simples motivo de ter alguém para sempre ao nosso lado, alguém que seja a razão pela qual devemos nos arriscar, alguém que nos faça acreditar que qualquer coisa vale a pena e, se esse for o motivo, que o mundo se exploda.

Cumprindo seu dever

Estou aqui, esperando a sua mensagem chegar. E já pensei em todas as possibilidades do motivo pelo qual você ainda não me escreveu. Sou uma pessoa ansiosa. Somente as pessoas ansiosas possuem esse dom da imaginação altamente criativa quando algo não acontece do jeito que esperam. Segundo a minha cabeça digna de um roteirista de Hollywood, você pode ter perdido o telefone em um assalto, no qual você lutou bravamente contra cinco bandidos porque precisava falar desesperadamente comigo, mas eles eram tantos, e você caiu sangrando enquanto os malfeitores corriam vitoriosos, mas bem avariados. Uma outra óbvia alternativa é que houve um tsunami, e este invadiu toda a cidade, que por sinal fica a centenas de quilômetros longe de qualquer praia e que, ao salvar várias pessoas e animaizinhos do inevitável afogamento, o seu telefone caiu na água e foi esmagado por um navio cargueiro que atravessou a Avenida Paulista. Plausível. Ainda há uma terceira opção, a mais racional. Essa provavelmente é a verdade verdadeira. Aposto que, no exato momento em que você pegou o telefone e entrou no Whatsapp, as luzes da sua casa começaram a piscar e uma nave espacial pairou sobre o seu quarto, e ao tentar teclar para mim, uma força gravitacional não deixava o seu dedo encostar na tela do celular, e você foi teletransportado para dentro da nave, e achando que ia ser usado para experimentos alienígenas, foi positivamente surpreendido ao saber que era O Escolhido e precisava enfrentar as forças do maléfico SONARUS, que usaria um raio laser gigantesco e mortal para acabar com toda a existência do Universo! E como você é uma pessoa altruísta e de extrema coragem, não pôde recusar tamanha missão. Você guardou o celular no bolso, fechou os olhos, pensou no meu rosto e pediu perdão, bem baixinho, porque iria se atrasar por um bem maior.

Tudo bem, meu amor, eu entendo. Mas vê se salva o mundo logo, porque eu tô aqui, esperando.

Me abraça, que toda essa tristeza passa

Vem aqui. Guardei esse lugar pra você. Tô brincando, esse lugar é sempre teu. Não fica assim. Deixa enxugar essas lágrimas, tenho um lenço aqui no meu bolso. Quer uma água? Quer um pouco de chá, café? Não? Tudo bem, mas se quiser me fala que eu vou pegar, ok? Não fique envergonhada, isso acontece. Faz parte da vida, mas passa. Clichê, né? Eu sei. Mas é a pura verdade. Lá na frente, você ainda vai rir disso. Aconteceu comigo também. Às vezes, eu acho que isso é uma tarefa pela qual devemos passar. Talvez para ficarmos fortes lá na frente, ou para termos experiência e sabermos lidar com a situação. Dói. Dói demais. Dá vontade de sair gritando contra o mundo, contra tudo, contra todos. Dá vontade de quebrar as coisas, de arrancar os cabelos, enfim. Olha, prometo que amanhã vamos naquele lugar que você gosta e vamos comer até não dar mais. Sim, eu deixo você comer aquele doce caro, de nome difícil que eu nunca sei pronunciar. Amanhã é o seu dia, ok? Também te amo. Dá um sorriso. Você tem um sorriso tão lindo! Agora vem, me abraça, porque não tem abraço melhor no mundo que um abraço de mãe

VOCÊ PROVAVELMENTE NÃO OUVIRÁ ISSO, MAS EU TE AMO. EU TE AMO E ISSO MACHUCA.

Secretária eletrônica

Você provavelmente não ouvirá isso, mas eu te liguei na noite passada. Eu apenas queria ouvir sua voz. Eu apenas queria senti-la viajando através de meus ouvidos. Esqueça todos os enganos que cometemos em nossas vidas. Eu queria poder voltar no tempo, mas eu sei que feridas são para sempre.

Você provavelmente não ouvirá isso, mas eu te amo. Eu te amo e isso machuca.

Eu não queria ter feito você chorar.

Por que os amantes não entendem que a vida poderia ser muito melhor se os corações não fossem recheados de sonhos ruins?

BFF

O quarto é uma extensão do nosso corpo. O quarto sente tudo o que sentimos. Ele sofre. Ele ri. Ele se entedia. Ele envelhece com a gente. Quer amigo mais íntimo do que o nosso quarto? Tudo o que fazemos dentro dele, ninguém mais vê. Todos os segredos que guardamos, dividimos apenas com ele. Todas as rachaduras de nossas vidas se refletem nesses quatro cantos. Ele guarda a nossa história como ninguém. Ele é o eco dentro do nosso peito. Quem nunca falou sozinho dentro do quarto, esperando uma resposta que não vem? Quem nos vê de joelhos enquanto pedimos por algo melhor em nossas vidas? O quarto sabe que, sem ele, não seríamos capazes de esbravejar, de dançar sozinhos aquelas danças ridículas, de cantarolar enquanto colocamos músicas para se ouvir no Youtube, de escrever tudo o que sentimos sem ninguém precisar ler. Ele é assim, nos protege de um mundo que às vezes precisamos nos afastar. O único momento em que o quarto divide os nossos segredos com alguém é quando se faz amor, mas isso só fica entre os três, mais ninguém. E ainda bem. Já pensou se as paredes tivessem ouvidos?

Nosso mundo uni(verso)

Somos planetas em rota de colisão. Enquanto as estrelas nos assistem, chegamos em câmera lenta a olhos nus, mas na velocidade da luz em nossos corações. Alguns planetas nos invejam e tentarão impedir esse importante acontecimento. Eles enviarão naves armadas com seus mais poderosos raios atiradores de maus olhados. Outros planetas disseminarão histórias falsas por ondas de rádio, tentando encontrar os tímpanos de nossos satélites amigos, a fim de causar um tremendo estrondo.

Pobres coitados. Eles nunca vão conseguir impedir a criação de uma linda história de amor. O que está escrito não se desvia por alguns meros meteoritos.

Batemos de frente, e apesar de alguns arranhões, seguimos firmes e fortes ao encontro de nosso destino. Somos indestrutíveis. Somos o Big Bang, e quando nos chocarmos, derramaremos toda a Via Láctea, e nos tornaremos um só mundo. Um mundo repleto de amor.

Eco

Acordo. A luz entra pela janela sem pedir e você não está mais aqui. Foi uma noite complicada. Os meus olhos ainda estão inchados e vermelhos e as paredes ainda têm as marcas de alguns porta-retratos quebrados, mas o prato, em cima da mesa da cozinha, está intacto. Me levanto e vou ao armário. Não há mais nada seu. Apenas a camisa amassada. Aquela que te dei de aniversário. A sua preferida. A que você usava tanto que já tinha começado a desbotar. A sua preferida... a sua preferida... a sua preferida. Eu a pego e sinto o seu cheiro, ainda está lá. Esfrego-a lentamente em meu rosto e sem querer, ela enxuga as minhas lágrimas. Sento-me do seu lado da cama. O copo vazio com cheiro de uísque na mesa-de-cabeceira fala tudo. Ouço um barulho vindo da janela. Começa a chover. Será que tenho a força de controlar o tempo ou Deus está chorando comigo? Que pretensão a minha... O celular toca e tento rapidamente encontrá-lo na bagunça, mas não era nada importante, apenas propaganda da companhia telefônica... Para que vou querer Whatsapp ilimitado se minha vida se limitava a falar com você? Sento na cadeira da cozinha, e o apê que era minúsculo se torna gigante. Aposto que se eu gritar, o eco acordará todo o prédio vizinho. Não quero gritar, já esgotei as minhas forças. Será que tem algo bom na tevê para esquecer? Nah, nem vou ligar. Pode estar passando "Como se fosse a primeira vez" e não quero ver aquele amor que se conquista todos os dias, logo após perder a luta. Não quero mais reprises. A cadeira é desconfortável, mas não importa, todo o meu corpo dói. Vou à geladeira e pego algo pra beber, algo doce, porque de amargo já basta a vida! Sim, sou puro drama, mas se não sentisse como sinto, não seria eu. Preciso me mexer. Não quero trabalhar, não tenho cabeça para isso. Penso em uma desculpa. Meu chefe vai me matar, faltar mais uma vez... Tenho que pensar em uma desculpa! O telefone novamente, olho a chamada e dessa vez é você. Eu atendo. Depois de um minuto de silêncio, falamos ao mesmo tempo: "Desculpa."

"Vou aí."
"Tudo bem, volta pra cá."
"Tô levando as coisas de volta, mas acho que perdi a minha camisa preferida. Aquela que você me deu no meu aniversário, sabe?"
"Sim, eu sei. Ela tá aqui."
"Ah, que bom! Então, tô indo já."
"Vem, tô esperando. Não vou trabalhar."
"Mas você já não faltou muito? Vai perder o emprego."
"Emprego eu acho outro. Você, não."
"Te amo."
"Também te amo."

E depois disso, a casa voltou a ficar pequena, como tinha que ser.

Assombração

João odiava acordar cedo para ir ao colégio. Ele tinha um tremendo pavor do escuro, e acordar às cinco da manhã era uma obrigação e também um martírio, já que a sua escola era muito longe de casa. Era o primeiro dia do ano letivo. A rua ainda na penumbra seguia vazia e tinha aquele clima de filmes de terror. João tinha pavor desse tipo de filme e possuía uma grande imaginação. Ele se assustava com seus próprios passos. O contato de seu tênis surrado com o piso produzia um som que ecoava por causa do silêncio à sua volta. João tirou o celular do bolso, pegou o fone de ouvido que estava na sua mochila, ligou o Spotify e apertou o random para se distrair. Tocou "Thriller", do Michael Jackson. "Que péssima escolha", pensou. Trocou de música, desesperadamente. À sua volta, as formas das paredes das casas o incomodavam. Pareciam monstros que cresciam em cima dele. João apertou o passo. O ponto de ônibus era a uns 15 minutos de distância da sua casa. Uma eternidade para quem tem medo de assombração. Enquanto isso, pensou em todas as formas de morrer: Um ataque zumbi, vampiros, demônios, fantasmas e até bruxas, e isso o deixava com mais pressa de alcançar o ponto. Suado e assustado, virou a esquina em que se encontrava o seu destino e viu uma sombra lá. "Pronto! Agora que eu morro de verdade!", pensou. Foi se aproximando lentamente, até conseguir enxergar o que era, ou melhor, quem. Era Maria, a menina mais bonita do colégio, sentada, à espera do mesmo ônibus que ele. Ela se virou e disse: "Oi João! Que bom você aqui! Não fico mais sozinha!" E João, agora com seu coração totalmente acelerado, com seu olhar arregalado e sem conseguir pronunciar uma única palavra, tinha a absoluta certeza que iria mesmo morrer. Morrer de amor.

QUERIA CHEGAR AO LAR E TER VOCÊ PARA ME AMAR

Queria. Queria tanto. Sem mais nenhuma saudade, sem mais nenhum pranto. Poder te amar e ter tudo no seu devido lugar. Poder sentar e conversar sobre as coisas boas, as ruins, não importa. Poder te beijar depois de abrir a porta. Queria saber que, mesmo após um dia estressante, você estaria me esperando com aquele seu olhar cativante. Queria o seu carinho, o seu cafuné, tomar na cama, o nosso café, e ouvir sua voz quando me chama para tomar banho com você. Queria te ter como abrigo, ser o seu melhor amigo e você saberia que podia contar comigo, até nos casos de perigo. Queria te ver sorrir com nossas brincadeiras, nossas pequenas bobeiras, quando me finjo de bravo e digo que vou partir. Não queria te ver chorar, mas posso te emprestar o meu ombro em caso de você precisar. Queria dormir ao seu lado, enrolado, abraçado e mesmo se puxar a coberta, te direi que está certa. Te queria assim, pra sempre, até se o mundo chegasse ao fim, seria feliz porque você me diria: sim.

Dobras

Não espere de mim
mais do que consigo lhe dar
não posso te fazer promessas
não posso te levar café na cama

Esse é o meu jeito
e é extremamente necessário que entenda
não porque lhe imploro
mas, se você me quer mesmo ao seu lado
terá que ser assim

Pareço ser uma pessoa fria, mas não sou
talvez tenha herdado essa herança de minha mãe
ela não era muito de demonstrar seus sentimentos
mas passava a minha roupa com tamanha perfeição
com extremo cuidado

E era impossível que
não houvesse amor naqueles vincos.

O melhor disco de todos os tempos

Encontrei aquele disco antigo que tanto escutávamos. Foi sem querer. Achei no quartinho dos fundos, no meio da bagunça, enquanto procurava alguns livros. Ele estava empoeirado, com a capa amassada, mas sem risco algum. Por sorte, o toca-discos velho ainda funciona e aproveitei. Coloquei delicadamente a agulha no vinil, e aquele som inconfundível começou a tocar. Sentei-me no sofá e te vi ao meu lado. Juro que vi. O seu sorriso meio envergonhado, os pés esticados, apoiados na mesa, o seu All Star surrado, os braços esticados... até a sua voz eu ouvi. Poxa, como você cantava bem. Não sei como você nunca montou uma banda e fez sucesso por aí. Eu, cantando, sou uma negação, fazia até o cachorro se esconder. E você estava tão linda. A sua camiseta do Ramones, mesmo rasgada e sem cor de tanto usar, combinava muito com você, e eu amava tanto seus solos de guitarras inventadas no ar. Bons tempos os nossos. Nada mais importava, além dos nossos discos, nosso amor e nossa revolução. Infelizmente, crescemos e muita coisa mudou. Cada um foi para o seu lado. A vida faz isso com a gente. Nós envelhecemos e, às vezes, isso parece um castigo. Por isso não te procurei mais, porque eu quero me lembrar de você assim, com a sua camiseta surrada e seus solos de guitarra no ar, com a sua alegria desvairada e sua voz que adorava soar pelas paredes do meu peito. E sempre que esse disco tocar, vou me lembrar do quanto fui feliz ao seu lado, tanto o A, quanto o B.

Epidemia

Se o amor é uma doença

Então deixe-me
morrer de amor.

A cura

Vejo tanta dor em você
talvez meu abraço
não te cure
mas pode ser o início.

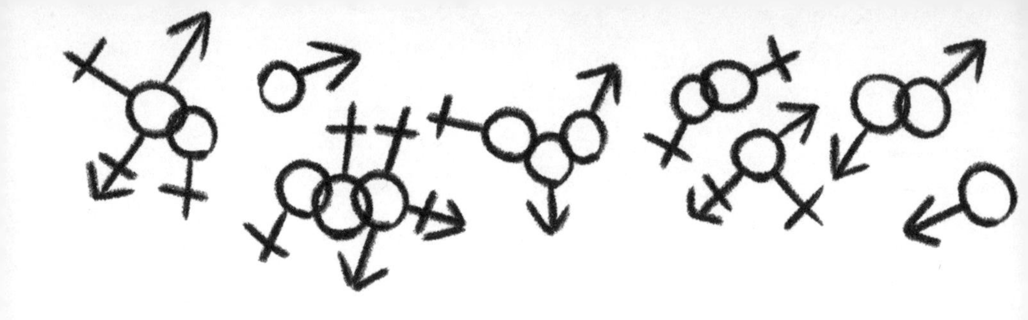

Amxr

Ana ama Paula. Leandro é apaixonado por Carlinhos. Luciana acorda e manda mensagens de bom dia para Isabel. Ricardo guardou o único dinheiro que tinha para poder ir ao cinema com Pedro. Patrícia partiu o pão do café com Jeniffer. Rafael se abaixou para amarrar o cadarço de Miguel. Maria acordou e fez cócegas em Joana. Lucas disse para Caiã que a comida estava uma delícia, mesmo não estando. Helena chorou no ombro de Larissa depois de reprovar no exame. Marquinhos segurou o copo de Matheus enquanto ele foi ao banheiro. Sandra deu bronca em Jéssica porque ela não queria tomar o remédio para a dor de estômago. Luiz beijou Ricardo antes de sair para o trabalho. Fabíola dançou com Amanda para comemorar a promoção no emprego. Gustavo tirou fotos de Paulinho enquanto ele se vestia. Aline discutia política com Flávia, embaixo do chuveiro. João comprou o filme preferido de Felipe, e estava ansioso para chegar em casa e ver sua cara de alegria. Lucinha cortou o dedo enquanto fatiava a cenoura e pediu um beijinho de Fernanda, para sarar. Rubens dividiu o fone com Daniel para ouvir a nova música de Liniker, no ônibus a caminho de casa. Sofia pegou o papel e a caneta, e junto com Mariana, começaram a calcular os gastos do mês. Eduardo ajeitou a gravata de Alfredo, e os dois estavam nervosos, se olhando no espelho, minutos antes da entrevista de adoção. Thainá assoprou a vela de aniversário, sorriu e deu a mão para Kátia. Décio disse que sim e, com lágrimas nos olhos, beijou e abraçou Antônio. E o planeta Terra, que gira em torno do Sol, continua do mesmo jeito, só que mais bonito.

Missão

Sou quebrado. Tenho que me consertar todos os dias. A vida nos parte em pedacinhos, aos poucos. Escolhas erradas, autossabotagem, toda falta de amor ou até mesmo um excesso descabido que se transforma em uma película que não te deixa ver o mundo como deveria ser visto. Posso estar sorrindo para você, contando piadas, e as pessoas acham que sou tão chato porque não paro de rir e tentar fazer os outros rirem também. Coitados. Mal sabem eles que esta é a minha válvula de escape. Talvez eu queira proteger as pessoas em volta de mim. Não quero e não permito que elas sintam o mesmo que eu, essa depressão que bate na minha porta e à noite puxa meu pé por debaixo da cama. É uma batalha diária. Há pessoas que entendem e te abraçam. Há pessoas que acham que não é nada, ou no máximo, você está apenas em um dia ruim. Não as julgo, talvez a falta de empatia é uma casca que envolve os que têm medo de sofrer. Eu já não tenho medo mais. Eu o enfrento, e uso o amor para lutar. E graças a isso, eu ainda respiro, e você também. E se estamos vivos até hoje, deve ser por alguma razão.

Saimento

Um louva-a-deus pousou
no peito de Antônio
e uma luz suave varou a janela
tocando seu rosto pálido

Enquanto sua família e amigos
bebericavam o café passado
e lamentavam seus próprios pesos

Antônio sorria
pois sabia que encontraria
Maria mais uma vez

Dessa vez
para nunca mais dizer adeus.

Absurdo é não ouvir o coração

Absurdo é achar que conseguimos viver com a razão. Sabemos que isso é impossível, mas fingirmos acreditar, como aquele professor que sempre soube que você colou nas provas, mas nunca falou nada. Como nossos pais, que sempre percebem quando exageramos na balada da noite anterior, mas nos servem o café (nesse caso, bem forte) e vão para a sala para não presenciar nossas ressacas.

Somos assim, tentamos não nos apaixonar pelas pessoas erradas, ou pelas pessoas certas, mas que em nossas cabeças, não terá um grande futuro, pois ela é romântica demais e não leva a vida muito a sério. Não há fórmula para o amor, aliás, nunca haverá. Einstein era um grande físico, não um grande romântico. Amor não tem cálculo. Não adianta você querer colocar o amor no papel e dividir por qualquer equação que resulte numa vida segura e duradoura.

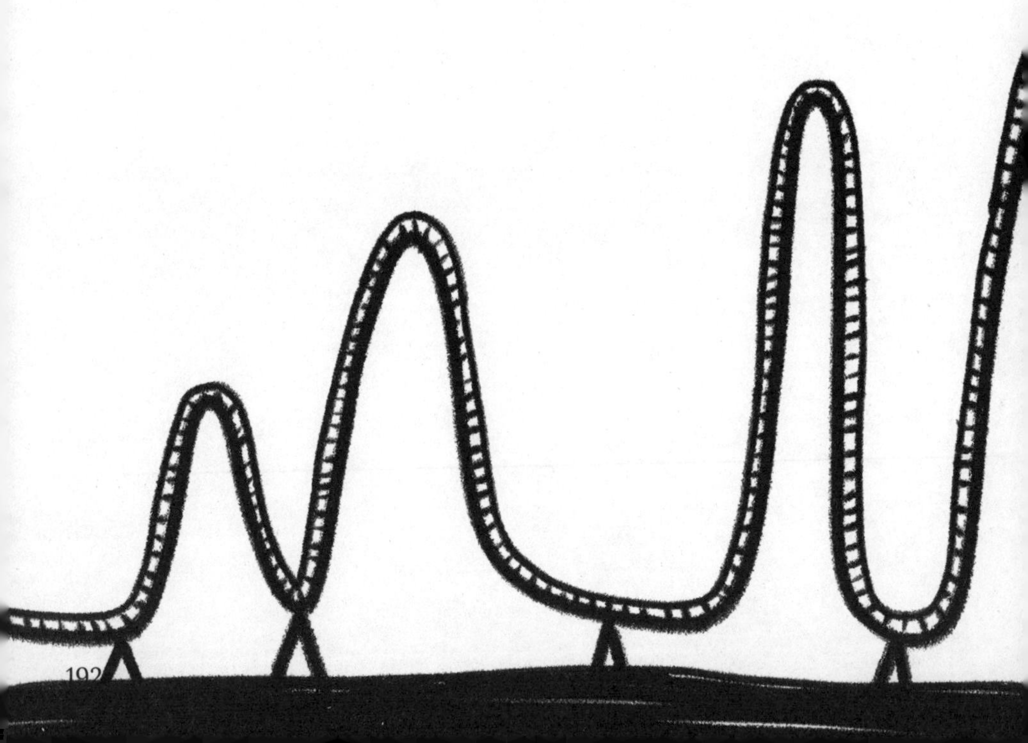

Essa é a graça do amor. É aquele frio na barriga, aquela adrenalina de um beijo que é mais forte do que um pulo de *bungee jump*. Amor é montanha-russa de madeira, é o medo da velocidade e do ranger das estruturas. Amor te dá insônia, te faz suar e virar para os lados como se estivesse naqueles sonhos nos quais você cai de um penhasco. Amor é aquela música grudenta que não sai da sua cabeça. O amor é assim. Ele nunca foi razão e nunca será.

Portanto, não se faça de surdo, ouça seu coração. Qual seria a graça se nós não sentíssemos tudo isso pelo menos uma vez na vida?

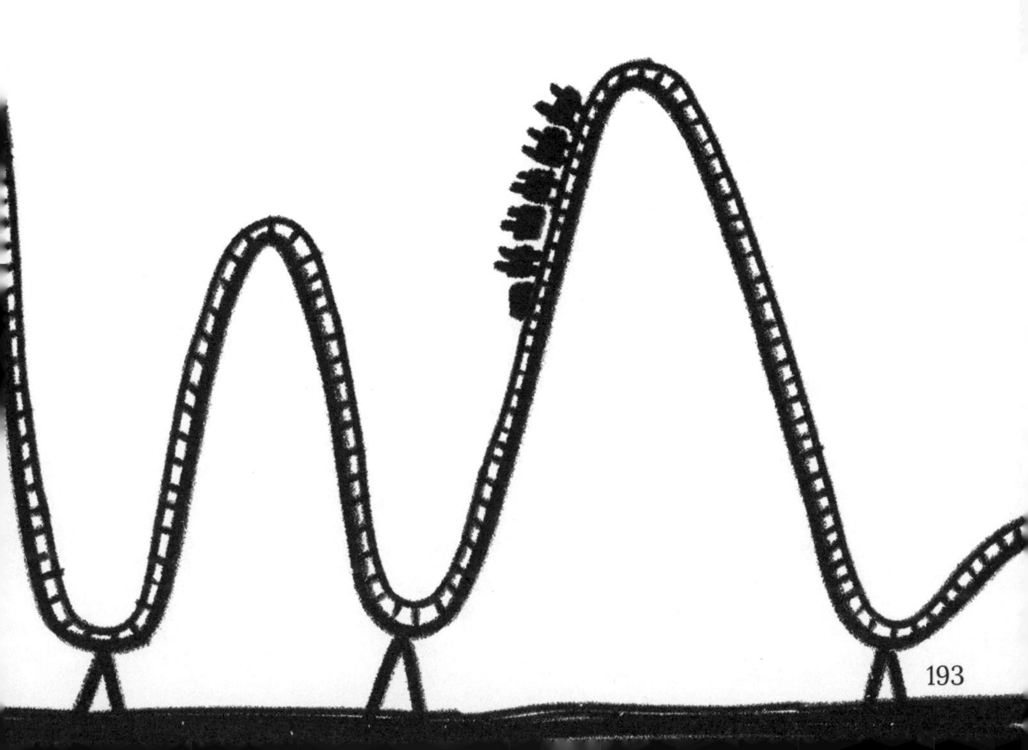

Fouetté

Amanda sempre foi louca por dança. Desde criança já ensaiava os primeiros passos na sala de sua casa, empurrando os móveis para os cantos e transformando aquele espaço em um grande palco. Ela imitava muito bem os gestos das bailarinas que assistia na tevê e nos filmes de dança que adorava. Ouvia até os aplausos e gritos da plateia. Isso sempre com o som alto e sua mãe berrando da cozinha para abaixar o volume. Nem dava ouvidos. Sabia muito bem o que queria da vida: dançar, dançar, e... calma, esqueci uma coisa... ah! Dançar! Entrou no ballet e não sentiu nem o frio na barriga causado pelo primeiro dia e as novas amizades. Já chegou chegando! E era isso o que fazia todos gostarem dela: não tinha medo de nada e estava sempre sorrindo... bom, o nome já diz, Amanda é aquela que deve ser amada, é digna de amor. Lá, ela começava a dar seus primeiros saltos.

O tempo passou. Amanda cresceu e conseguiu realizar o seu sonho: se tornou uma grande bailarina! Famosa, muito respeitada, nunca criticada e sempre com a lotação esgotada, se apresentava impecavelmente, sem nenhum deslize. Até que em uma noite dessas, com a casa cheia novamente, avistou no público um jovem rapaz, que a admirava com os olhos brilhando e com um sorriso que jamais havia visto antes. Enquanto fazia seus *fouettés*, entre um giro e outro, não conseguia tirar os olhos do moço que estava sentado na segunda fileira do teatro. Foi então que ela se desequilibrou e caiu. "Ohhhhhhhhhhh!", foi a reação do grande público. Ninguém tinha visto Amanda dar um passo em falso antes.

Enquanto olhava o chão, que por sinal brilhava e parecia mais um espelho, a única coisa que pensou foi no que o rapaz iria imaginar, ela nem se lembrou do grande público que levantara para ver o que havia acontecido, isso nem a preocupava, mesmo sendo uma surpresa para ela mesma, que sempre primou pela perfeição. Amanda olhou para a frente e reparou que ele não estava mais lá: "Para onde tinha ido?", pensou. Ela se levantou, se concentrou, e foi mais uma vez perfeita até o espetáculo acabar. Todos aplaudiram.

No fim da noite, ao sair pela porta dos fundos, com sua mochila nas costas, blusa de moletom do *Stranger Things* e tênis All Star, avistou o que não esperava ver. Ele estava lá, encostado em um carro, sozinho e com o mesmo olhar que brilhava quando a via se apresentar. Pela primeira vez em sua vida, sentiu o frio na barriga, deu um sorriso tímido e se aproximou do rapaz.

Ele colocou a mão no bolso, pegou um frasco e disse: "Toma, eu comprei pra você!" Ela perguntou: "O que é isso?" E ele respondeu: "É gelo! Você deve ter machucado o seu joelho na queda! Eu sei como é, eu danço também!" Amanda fez uma cara de surpresa e sorriu. Depois disso, eles não pararam mais de dançar, juntos.

O decreto

Alguns amores
são tão discretos

Que deveria
ser decreto

Toda
demonstração
de afeto.

O que você está pensando? __________

Escrevi um depoimento pra você. Eu sei, não se chama mais "depoimento", mas eu sou do tempo do Orkut. Aliás, bons tempos aqueles. Podia escrever que mal te conhecia e já te considerava pacas. Mas claro, não é isso que eu quero escrever agora. Escrevi uma declaração pra você, de uns 140 caracteres. Dei uma resumida; hoje em dia temos que correr, porque textão ninguém para pra ler. Mesmo assim, eu apaguei. Não ficou bom. Talvez eu precise ser mais *vintage*, aí pensei em uma carta. Esquece... ninguém mais vai no correio, principalmente para enviar uma carta de amor. Pensei em contratar aqueles grupos de serenata que vão cantar embaixo da sua janela, mas você provavelmente chamaria a polícia, ou jogaria água nas cabeças dos pobres coitados. Você odeia passar vergonha. Lembrei que você acha rosas lindas, mas tinha me esquecido o quanto é alérgica, e o jeito que eu queria te deixar vermelha e com os olhos marejados não era esse. Bombom era uma boa opção, mas não há romantismo que vença a sua dieta. Podia contratar aqueles aviõezinhos com faixas que ficam passando no céu, mas provavelmente você estaria distraída, vendo alguma coisa na tevê. Pensei em várias opções, tantas possibilidades... até que eu decidi me levantar, pegar a minha blusa, atravessar a rua, ir até a porta da sua casa, apertar a campainha e dizer: eu te amo.

...ATÉ QUE EU DECIDI ME LEVANTAR, PEGAR A MINHA BLUSA, ATRAVESSAR A RUA, IR ATÉ A PORTA DA SUA CASA, APERTAR A CAMPAINHA E DIZER: EU TE AMO.

Espelho

Olá, tudo bem? Eu procurei tanto, mas não consigo mais achar amor nessa bagunça. Camisas e calcinhas estão espalhadas pelo chão, mas não se ouve mais o som atrás da porta. Por que eu estou aqui? Talvez eu tenha esquecido a minha carteira ao lado do copo vazio.

Eu não consigo tocar amor nessa bagunça. Você se lembra como os nossos beijos eram molhados? Você se lembra como os abraços eram apertados e repletos de sonhos? Você se lembra?

Não há mais som algum atrás da porta e não há mais nada que se possa espreitar. Onde está o espelho embaçado? Onde estão as marcas de dedos? Onde está o amor que vivia aqui?

Eu não sei. Você também não.

Nós apenas queimamos as cartas e as lindas palavras se foram. Para sempre.

A pessoa
na qual
você pensou
quando leu isso.

PLANTÃ
DE ÚLTI
HORA

MA

As notícias de mais impacto
eram dadas no meio de tardes
durante filmes de adolescentes
com aquela musiquinha assustadora
naquele canal de televisão
que todo mundo odeia mas assiste
Eu apenas acho que essa música
deveria tocar novamente
depois que você se despediu
e a minha novela se acabou.

TODO AMOR É FODA

Todo amor é foda
para o bem ou para o mal
todo amor é foda

Todo amor é bipolar
todo amor tem múltiplas personalidades
não importa a idade
nem como se ama
se é no chão ou na cama
todo amor é foda

Todo amor fode com a sua cabeça
todo amor nunca deixa que você se esqueça
todo amor te faz sorrir
todo amor te faz chorar
todo amor te faz arrebentar copos, pratos
todo amor é parto

Todo amor te faz comer
todo amor te faz vomitar
todo amor te faz jejuar
todo amor é confuso
te deixa em parafuso
todo amor é ruim pra caralho
todo amor é bom pra caralho
todo amor é construção
todo amor é destruição
todo amor é foda

Mas foda mesmo
é viver sem amor.

Agradecimentos

À minha família, meus pais, Clarice e Rikio, por todo o amor e por nunca fecharem as portas de casa para mim, mesmo após tantos erros e escolhas equivocadas. Minha irmã, Sandra, meu cunhado, Martinho e minha sobrinha, Thamires, pelo apoio de sempre. Meus tios, Enrique e Norma, por me darem um lar quando precisei. Minha prima, Fernanda, que é tão louca e determinada quanto eu. Meu sogro, Marcos Caramico, por me receber tão bem em sua família, minhas cunhadinhas, Mariana e Amanda, pelo carinho e rachas nos carrinhos de bate-bate, e à Nonna, que se tornou a vó que eu não tenho. À minha sogra Ana Ferreira, pelo apoio, risadas e cafés em Fátima. À Gilsa, que se tornou o anjo da guarda dos meus pais. Meus amigos, Williams, Menozzi e Soliman, pela amizade de décadas, e Mané, pelas caipirinhas, pizzas e coração enorme. Matheus, Thay e Luiz, pelas gargalhadas, conversas sobre cinema, literatura e brigas intermináveis. Décio Jr. e Antônio Senna, que transcenderam a amizade e se tornaram parte da minha família. Meus professores e inspiradores, Isabel de Andrade Moliterno e José Alaercio Zamuner, a minha gratidão eterna. Ao querido Maurício Silveira, do qual sou fã e se tornou um grande irmão. Sofia Ribeiro, pela simpatia e humildade, e por fazer minha página ser mais vista em Portugal. Aos meus amigos e parceiros de Instagram, Pamela Magalhães, Sebastian Hoyer e Leandro Melo, e tantos outros escritores que ralam como nós, e vocês, que me seguem nas redes e sempre me apoiam, curtindo, comentando, compartilhando e se emocionando comigo.

Um agradecimento especial à CeNE Editora. Igor Alves e Jordana Carneiro, por acreditarem no meu trabalho, pelo carinho, profissionalismo e seu amor pela literatura. Diego Barros, por seu talento e arte incrível, e pela paciência nas fotos. Vocês são fantásticos!

E por último e mais importante, à minha companheira Marie, por ser a pessoa que me aguenta, me defende, luta ao meu lado, dorme comigo em uma cama minúscula e não reclama, que foi trabalhar até tarde enquanto eu preparava esse livro, que tem uma força extraordinária e que, sem ela, nada disso existiria, muito menos eu. Te amo.

Este livro foi impresso em papel pólen
90g/m², capa em papel triplex 300g/m².
Produzido no mês de junho de 2019,
na Gráfica Santa Marta LTDA, Distrito
Industrial, João Pessoa, Brasil.